I0081825

ELOGIOS PARA *PUNTO DE QUIEBRA*

Mi buen amigo y compañero de ministerio Jimmy Evans ha estado estudiando la profecía bíblica durante cuarenta y cinco años. En su libro más reciente, *Punto de quiebra*, ofrece evidencias convincentes sobre el fin de los tiempos. Creo que la voz y la perspectiva de Jimmy son de vital importancia en este momento de la historia.

Robert Morris
Pastor principal y fundador de Gateway Church
El autor *best seller* de *Una vida de bendición*, *Más allá de toda bendición* y *Tómese el día libre*

Explorar las partes proféticas de las Escrituras puede ser complicado, y nadie lo hace con más cuidado y perspicacia que mi amigo Jimmy Evans. Destilado de años de estudios bíblicos reflexivos e investigaciones históricas meticulosas, *Punto de quiebra* brilla como un faro de luz en medio de la oscuridad circunstancial de la preocupación, el temor, la ansiedad y la incertidumbre. Si quieres una mayor comprensión de la profecía de la Palabra de Dios, ¡entonces no te pierdas este libro!

Chris Hodges
Pastor principal de Church of the Highlands
Autor de *The Daniel Dilema* y *¿Qué sigue?*

El fin de los tiempos y la profecía están en la mente de los creyentes de todo el mundo, y no hay nadie mejor que Jimmy Evans para informar e instruir sobre lo que sigue para el pueblo de Dios. Es uno de los favoritos de los telespectadores de *Joni Table Talk*, y estoy seguro de que *Punto de quiebra* responderá a muchas preguntas de aquellos que buscan el pronto regreso de nuestro Señor Jesucristo.

Joni Lamb
Cofundadora de Daystar Television Network

Entender la profecía bíblica es entender la perspectiva del cielo sobre los eventos terrenales. No conozco a nadie con la capacidad de hacerlo como Jimmy Evans.

Tim Ross
Pastor principal de Embassy City Church

Punto de quiebra no es el libro típico sobre los tiempos del fin. Es una llamada de atención y una invitación a entender los tiempos en que vivimos. El pastor Jimmy presenta un convincente mapa del fin de los tiempos con revelación, sabiduría, compasión y consuelo. Su escritura es perspicaz y atractiva y te deja emocionado por formar parte de un tiempo como este. Prepárate, ¡Jesús viene pronto!

Luis Román
Pastor principal de VIVA Church International
Anfitrión de XO Latino

Ahora, más que nunca, el mundo necesita esperanza. La esperanza se basa en saber de que Dios tiene el control y que Jesús pronto regresará. Jimmy Evans ofrece una perspectiva con profundidad bíblica, bien investigada y extraordinariamente poderosa sobre el fin de los tiempos que es crucial entender.

Rabino Jason Sobel

Muchos creyentes se asustan con las profecías bíblicas. Sin embargo, aproximadamente el treinta por ciento de la Biblia es de naturaleza profética, y el estudio de la profecía es crucial tanto para instruirnos como para consolarnos de que Dios está en última instancia en control. En *Punto de quiebra*, el pastor Jimmy entrelaza las verdades bíblicas y las aplicaciones prácticas, haciendo que la profecía sea abordable y de fácil comprensión.

Mark Driscoll
Pastor principal y fundador de The Trinity Church
Presidente de Mark Driscoll Ministries
Autor de *Gane su guerra* y *Jesús lleno del Espíritu*

El primer sermón que escuché predicar a Jimmy Evans fue sobre la profecía del fin de los tiempos en la Biblia. ¡Eso fue hace más de veintiséis años! Ese día me sorprendió su profundo entendimiento y su nueva revelación de la conexión entre la profecía bíblica y los problemas actuales. Él conecta sin esfuerzo los textos bíblicos de dos mil años de antigüedad con los titulares de hoy y apunta todo hacia el amor de Dios por su pueblo. La pasión y la comprensión de Jimmy por la profecía bíblica son insuperables. Yo apoyo firmemente *Punto de quiebra*, y animo tanto a los interesados casuales como al erudito bíblico a sumergirse en el tema. Jesús está regresando. ¡El momento de prepararse es ahora!

Jimmy Witcher
Pastor principal de Trinity Fellowship Church

El pastor Jimmy siempre ha tenido una extraordinaria habilidad para entender los temas complejos. Si buscas claridad y esperanza para los tiempos finales que se acercan rápidamente, este libro es para ti.

Dr. Jon Chasteen
Presidente de King's University
Pastor principal de Victory Church

Jimmy Evans es un vocero profético que descifra las señales de nuestro tiempo y llega a la conclusión de que esto es el profundo respiro antes de la zambullida. Es un día glorioso para estar vivo. *Punto de quiebra* deja claro que el romance sobrenatural entre Jesús y su pueblo está llegando a su clímax. El Novio está a la puerta. Después de leer este libro mi anticipación está llena de gozo.

Troy Brewer
Pastor principal de OpenDoor Church
Troy Brewer Ministries

PUNTO DE QUIEBRA

EL FIN HA LLEGADO

PRÓLOGO POR **MAX LUCADO**

PUNTO DE QUIEBRA

EL FIN HA LLEGADO

AUTOR BEST SELLER

JIMMY EVANS

Punto de quiebra: El fin ha llegado
Copyright © 2021 por Jimmy Evans

Título original en inglés: *Tipping Point: The End Is Here*

Todos los derechos reservados. Ninguna porción de este libro podrá ser reproducida, almacenada en ningún sistema de recuperación, o transmitida en cualquier forma o por cualquier medio —mecánicos, fotocopias, grabación u otro—, excepto por citas breves en revistas impresas, sin la autorización previa por escrito de la editorial. Para más información, diríjase a XO Marriage o visite nuestra página web en xomarriage.com.

P.O. Box 59888, Dallas, Texas 75299
1-800-380-6330
xomarriage.com

Impreso por XO Publishing, una división de XO Marriage.

Las citas bíblicas marcadas «NTV» son de la Nueva Traducción Viviente, © Tyndale House Foundation, 2010. Usada con permiso de Tyndale House Publishers, Inc., 351 Executive Dr., Carol Stream, IL 60188, Estados Unidos de América. Todos los derechos reservados.

Las citas bíblicas marcadas «RVR1960» de la Santa Biblia, Versión Reina-Valera 1960 © 1960 por Sociedades Bíblicas en América Latina, © renovada 1988 por Sociedades Bíblicas Unidas. Usada con permiso. Reina-Valera 1960˚ es una marca registrada de la American Bisble Society y puede ser usada solamente bajo licencia.

Las citas bíblicas marcadas «NVI» son de la Santa Biblia, Nueva Versión Internacional˚ NVI˚. Copyright © 1999, 2015 por Biblica, Inc.˚ Usada con permiso de Biblica, Inc.˚ Reservados todos los derechos en todo el mundo.

ISBN: 978-1-950113-45-3 (rústica)
ISBN: 978-1-950113-46-0 (ebook)

XO Publishing no se responsabiliza de la publicación o la exactitud de los URL de sitios web externos o de terceros a los que se hace referencia en esta publicación y no garantiza que el contenido de dichos sitios web sea, o siga siendo, exacto o apropiado.

Impreso en los Estados Unidos de América

20 21 22 23 24 — 5 4 3 2 1

A los profetas del Antiguo y Nuevo Testamento que fielmente hablaron y escribieron lo que Dios les dijo ante la persecución y la muerte. Tenemos la antorcha de la profecía bíblica para guiarnos en estos días oscuros a causa de la valentía y obediencia de ellos.

CONTENIDO

PRÓLOGO

Mi padre hacía un gran alarde de las vacaciones familiares. Disfrutaba tanto de prepararse como del viaje mismo. Nuestras vacaciones siempre consistían en un largo viaje por carretera que comenzaba en nuestra casa en el oeste de Texas y terminaba en un campamento. Colorado era un destino favorito. Incluso llegó a llevarnos hasta Yellowstone o al Gran Cañón de Colorado. Semanas antes de que nos fuéramos, él comenzaba a planear la ruta. No tenía Internet o GPS; planeaba sus viajes a la antigua. Usaba un mapa.

Marcaba el mapa del viaje con un resaltador. Ponía un círculo alrededor de los campamentos y tomaba notas de los números de las autopistas. Y una vez que tenía sus planes, los compartía con nosotros.

Mi hermano y yo éramos solo niños, de un solo dígito de edad e inexpertos en los caminos de la carretera. Así que mi padre nos sentaba en la mesa en la víspera de la partida y nos decía qué esperar.

Cuando manejemos a través de Nuevo México, habrá viento. Cuando lleguemos a las montañas, sus oídos estallarán.

Sabrán que estamos llegando al campamento cuando vean la nieve sobre los picos de las montañas.

Él nos decía lo que debíamos esperar. Y con toda certeza fue como el nos dijo. *Hubo* viento. Nuestros oídos *estallaron*. Y los picos nevados fueron lo último que vimos antes de llegar a nuestro destino.

Mi padre nos dijo qué esperar.

Nuestro Padre celestial ha hecho lo mismo.

¿Sabías que el treinta por ciento de tu Biblia trata sobre las profecías? Volúmenes enteros como Isaías, Ezequiel, Daniel y Apocalipsis son proféticos. Descartar la profecía es descartar un tercio de la Biblia. Sin embargo, mucha gente lo hace. Lo hacen porque la profecía puede ser complicada, y los maestros de la profecía pueden tener opiniones. «Solo dame el Salmo 23 y el Padre Nuestro», dicen algunos. «Puedo encontrarle sentido a esos pasajes».

No estés entre ellos. Dios te dará sabiduría. Él asegura una bendición especial a aquellos que estudian y prestan atención a las profecías (ver Apocalipsis 1:3). Él ha capacitado a algunos de sus maestros con la habilidad de ayudarnos.

Uno de esos profesores es mi amigo Jimmy Evans. Le apasiona ayudarnos a ver el camino que tenemos por delante. Ha dedicado su vida adulta a estudiar las palabras de los profetas para que tú y yo podamos tener una mejor comprensión. Escuché por primera vez los mensajes de este libro en forma de audio cuando el pastor Evans los presentó en la iglesia Gateway. Mi esposa y yo escuchamos atenta e intensamente sus enseñanzas. No puedo decirles cuántas veces me dije: «Eso tiene sentido» o «Nunca lo pensé de esa manera». La enseñanza me informó, inspiró y animó.

Para ser claros, nadie sabe todo sobre el futuro. Cualquier profesor que actúe como si lo supiera debe ser descartado. Jimmy Evans aborda este tema con humildad y reverencia. Podemos estar agradecidos por lo que ha hecho. Necesitamos esta enseñanza hoy.

Hay una historia sobre un avión que se perdió sobre el océano en medio de un huracán. El capitán anunció por el intercomunicador: «Tengo buenas y malas noticias. La mala noticia es que no tengo idea en dónde estamos ni hacia dónde nos dirigimos. La buena noticia es que vamos a buena velocidad».

Eso describe la vida de muchas personas hoy en día. Estamos ocupados, pero perdidos, en un apuro sin destino. Vamos más rápidamente que nunca, pero no sabemos a dónde vamos.

Pero para todos los que escuchen, Dios compartirá el destino. Él abre el mapa y nos dice hacia dónde nos dirigimos y qué esperar.

Igual que mi padre. ¿Por qué nos dijo a mi hermano y a mí qué esperar? ¿Por qué nos avisó del tiempo ventoso, del estallido de los oídos y de los picos nevados sobre las montañas? Nunca le pregunté, así que no puedo decirlo con seguridad. Pero esto es lo que pienso: no quería que estuviéramos desprevenidos. Los buenos padres protegen a sus hijos. Nos protegió de los temores innecesarios.

Nuestro buen Dios también nos protege. Él nos da señales, no para ponernos ansiosos, sino para hacernos conscientes y para ayudarnos a que estemos preparados. Desde mi perspectiva, parece que estamos viendo muchos picos cubiertos de nieve. Nuestro destino está más cerca de lo que hemos imaginado.

Max Lucado
Autor de libros *best seller*,
Pastor de enseñanza, Oak Hills Church

RECONOCIMIENTOS

A mi preciosa esposa, Karen, gracias por tu inquebrantable amor y estímulo. No sería el hombre que soy hoy sin ti.

A mi hijo, Brent, gracias por tu liderazgo, tu creatividad y tu compromiso con la excelencia. Tú le pones vida a cada proyecto y estoy orgulloso de trabajar contigo.

A Joni Smith, Chris Stetson y el personal de XO Marriage, gracias por su arduo trabajo y constante devoción. ¡Ustedes verdaderamente son el mejor equipo!

A John Andersen, gracias por trabajar incansablemente para llevar este libro desde sus etapas iniciales hasta la línea de meta.

A Jenny Morgan, gracias por tu cuidadosa investigación y dedicación a los detalles.

Finalmente, un agradecimiento especial a los suscriptores del boletín de noticias de *Tipping Point Prophecy Update*. Su hambre por la verdad y su pasión por la Palabra de Dios me dan una gran alegría.

INTRODUCCIÓN

Recibí a Cristo como Señor de mi vida en 1973 cuando tenía diecinueve años. Una semana después mi esposa, Karen, y yo nos casamos. Ambos éramos nuevos creyentes, y comenzamos a asistir a la iglesia con regularidad, como también a una clase para recién casados. En esa clase, nos estimularon a orar y a leer la Biblia diariamente. El único problema era que no tenía una Biblia y no conocía ni un solo versículo de las Escrituras.

La semana siguiente, Karen y yo fuimos a una librería cristiana local para que cada uno pudiera comprar una Biblia. Nunca había estado en una librería cristiana, así que era un mundo nuevo para mí. No tenía ni idea de que tuvieran tantos libros diferentes sobre tantos temas. Al dar una mirada en la librería, me di cuenta de un libro de Hal Lindsay titulado *La agonía del gran planeta Tierra*. Lo tomé, estudié la portada y luego miré el índice para ver de qué trataban los diferentes capítulos.

Después de examinarlo durante unos minutos, me di cuenta de que tenía un libro que hablaba del destino profético del mundo y de lo que la Biblia decía sobre él. Me sorprendió que la Biblia predijera los futuros eventos mundiales. Compré el libro, lo llevé a casa y lo leí inmediatamente. Estaba completamente fascinado por él. Mientras leía lo que Hal Lindsay dijo sobre las profecías de la Biblia, busqué en cada escritura para asegurarme de que estaba en la Biblia. Me llevó un tiempo porque no sabía dónde se encontraba ningún libro o versículo.

En cada caso encontré que la Biblia decía justo lo que Lindsay afirmaba. Y en el proceso me enamoré de la Biblia y de la profecía. Eso fue hace casi cincuenta años, y desde entonces he leído cientos de libros de profecía y estudiado cada escritura profética muchas veces. También he predicado sobre las profecías de la Biblia muchas veces durante los últimos cuarenta años y aparezco regularmente en programas de televisión para discutir la profecía y cómo se relaciona con los eventos actuales del mundo de hoy.

Como leerás en este libro, creo que el fin de los tiempos comenzó oficialmente en 1948 cuando Israel se convirtió en una nación en un día. Eso comenzó el tictac del reloj profético. Desde entonces, hemos visto profecía tras profecía cumplirse, y todavía se están desarrollando constantemente alrededor del mundo. No hay prácticamente ninguna posibilidad matemática de que estos eventos puedan ser accidentales. Son la prueba de que hay un Amo a cargo de todas las cosas y que Él controla el mundo y el futuro.

Aunque todo eso es cierto, he descubierto a lo largo de los años que a algunas personas no les gustan las profecías de la Biblia. En realidad les asusta oír hablar del fin de los tiempos. Siento empatía con esa gente, pero la verdad es que las profecías de la Biblia nos fueron dadas para consolarnos, no para asustarnos. Cuando entiendes lo que la Biblia dice sobre el fin de los tiempos, te das cuenta de que nosotros como creyentes somos rescatados de los horribles juicios de los que habla la Biblia. No estaremos aquí cuando esas cosas sucedan porque Jesús regresa para llevarnos a estar con Él para siempre. Además, cuando entiendes la profecía puedes contextualizar los eventos que están sucediendo en el mundo. Mientras que otros están confundidos o asustados, puedes estar tranquilo y reconfortado. Esto es especialmente cierto en tiempos en los que estamos experimentando pestilencias como la COVID-19 y otros eventos mundiales. Es una de las razones por las que estoy tan agradecido por el don de la profecía bíblica.

En 2000, Malcolm Gladwell escribió *El punto clave* [subtítulo en inglés: Cómo las pequeñas cosas hacen una gran diferencia]. En ese libro Gladwell discutió cómo las ideas, los productos y mensajes se propagan como un virus hasta que nadie puede detenerlos. Así que tenemos el mismo título, pero no compartimos el mismo subtítulo o tema, ni siquiera cerca. Sin embargo, cuando usamos el término *punto de quiebra*, nos referimos a lo mismo. Gladwell define *El punto clave* como «el momento de masa crítica, el umbral, el punto de ebullición».[1]

NO SOLO CREO QUE LOS
EVENTOS DEL FIN DE LOS
TIEMPOS ESTÁN OCURRIENDO
AHORA MISMO. CREO QUE
ESTAMOS VIVIENDO EN *EL
FINAL DE LOS TIEMPOS*.

Creo que hemos llegado al punto de ebullición de algo mucho más grande que un cambio social o cultural. Creo que nos hemos acercado al mayor acontecimiento de la historia del mundo: el fin de la era. De hecho, ni siquiera diría que nos estamos acercando a él; ya estamos allí, y estas cosas están sucediendo *ahora*. Tómate un momento para dejar que estas dos frases siguientes se entiendan. No solo creo que los eventos del fin de los tiempos están ocurriendo ahora mismo. Creo que estamos viviendo *en el final de los tiempos*. Respira hondo. No voy a dejarte ahí. Voy a mostrarte la verdad de lo que digo en las Escrituras. También voy a mostrarte cómo tener esperanza y paz en medio de todo esto.

Las señales del final de los tiempos están a nuestro alrededor. Hemos llegado a un punto crítico e imparable tan significativo que nada puede ser hecho por nadie ni por nada para evitar que suceda. No se puede volver atrás. Este es el mundo en el que vivimos hoy, en este momento. Estamos en el punto de quiebra, ¡y el final ha llegado!

Aproximadamente el treinta por ciento de la Biblia es de naturaleza profética. Y la mayoría de las profecías de la Biblia se refieren al final de los tiempos y a nuestra generación. Quizás te preguntes por qué la Biblia dice tanto sobre la última generación. Creo que una de las razones principales es porque hay más gente viva en la tierra en este momento que en todos los tiempos de la historia del mundo. También creo que hay otra razón significativa: este es el momento más difícil en la historia de la humanidad. Jesús dijo: «De hecho, a menos que se acorte ese tiempo de calamidad, ni una sola persona sobrevivirá; pero se acortará por el bien de los elegidos de Dios» (Mateo 24:22, NTV). Estamos viviendo en tiempos muy serios. Dios lo sabe, y por nuestro bien, nos ha dado la profecía bíblica del fin de los tiempos para instruirnos y consolarnos.

Hay muchas religiones en la tierra ahora mismo que afirman que su dios es el verdadero dios y su literatura es de inspiración divina. Si ese es el caso, ¿por qué no puede su dios o la literatura «sagrada» predecir el futuro con exactitud? Puedo decirte la respuesta: el único que puede predecir el futuro es el que lo controla. Nuestro Dios es el único Dios verdadero que controla todas las cosas. Y por esa razón somos las únicas personas en la tierra hoy que pueden decir con confianza que tenemos pruebas empíricas, evidentes y definibles de que nuestro Dios es real y nuestra Biblia está inspirada por Él. ¡Y la profecía nos da esa prueba!

Mi oración es que este libro te eduque, te consuele y te inspire. ¡Dios te bendiga!

ISRAEL EN UN PUNTO DE QUIEBRA

1

LA BELLEZA DE LA PROFECÍA BÍBLICA

La Biblia es hermosa. ¿Alguna vez has pensado en ello en esos términos? Cuanto más la he leído a lo largo de los años, más puedo ver la increíble obra maestra que Dios nos ha dado. Sí, creo que la Biblia es pura verdad y no contiene errores, pero es aún más que eso. Es como un tesoro de valor incalculable, tejido por un maestro artesano. Personalmente, ha capturado mi amor e imaginación, y he dedicado mi vida a llenar mi corazón y mi mente con su verdad.

Recientemente, uno de mis amigos me contó sobre un profesor que escuchó hablar en King's University sobre la «estética» de la historia bíblica. Este profesor estaba haciendo una aplicación práctica sobre la belleza de la historia cristiana como una alternativa a otras historias que el mundo podría contar. En particular, decía que una de las formas de dar testimonio y compartir el evangelio con algunas personas de las generaciones más jóvenes es pedirles que comparen sus «representaciones pictóricas» del mundo con la historia de lo que Dios ha hecho por medio de Jesucristo, la cosmovisión de la Biblia.

Por ejemplo, ¿qué historia es más hermosa?

- Vivimos en un mundo con muchas cosas hermosas, pero muchas de ellas están desesperadamente rotas, incluyendo a las personas. No se puede hacer nada al respecto, excepto sobrevivir y mejorarlo marginalmente hasta que muramos. Después de eso, no hay nada.

- Vivimos en un mundo hermoso con muchas cosas bellas, pero gran parte de este está desesperadamente roto, incluyendo a las personas. Sin embargo, creemos que alguien creó esa belleza, y el quebrantamiento no es obra suya ni es su intención. Él tiene la intención de hacer el bien tanto para el mundo como para las personas en él. De hecho, este Creador se preocupó tanto por su creación que se convirtió en uno de nosotros y llevó sobre sí mismo todo el dolor y el quebrantamiento, incluso hasta el punto de morir por ello. Aún así, eso no acabó con su historia. Resucitó de la muerte y está recreando el mundo, comenzando con las personas que lo aman y lo siguen. Un día arreglará absolutamente todo y restaurará la belleza con la que comenzó el mundo, y viviremos y reinaremos con Él por toda la eternidad.

Ahora, te vuelvo a preguntar, *¿cuál es la mejor historia?* Por supuesto, has elegido la segunda. Pero aún más que eso, la segunda es la historia más verdadera. *Es a la vez más verdadera y más hermosa.*

Verás, la historia de Dios de principio a fin es la cosa más hermosa que jamás escucharás, verás o leerás. Por otro lado, nuestra historia humana es fea y extremadamente decepcionante, si no fuera por el hecho de que Dios eligió ser parte de nuestra historia por su gran amor. Y así, comienzo este libro contándote sobre la belleza de la Biblia de principio a fin. Específicamente, quiero que veas la belleza de la profecía en la Biblia como se aplica a este libro.

La Biblia no es solo una historia que está en pie de igualdad con todas las demás historias que compiten. No, es *la* historia. Cuando digo que la Biblia es una historia, no quiero decir que sea ficción o un cuento de hadas. En cierto modo, las noticias que ofrece parecen tan buenas que a algunas personas les resulta difícil creerlas. Pero yo te digo: «*Créela*». La Biblia es tan hermosa como es verdad. Es la historia continua de Dios, y para nosotros, es la única manera de que nuestra historia tenga el final feliz que Dios quiso para nosotros todo el tiempo.

CINCO VERDADES SOBRE LA PROFECÍA BÍBLICA

Como dije en la introducción, el material profético de la Biblia la distingue de todos los demás libros del mundo. De nuevo, alrededor del treinta por ciento de la Biblia contiene profecías, y la mayoría de las profecías se refieren al final de los tiempos. A lo largo de este libro les recordaré algunas de las verdades más importantes sobre las profecías de la Biblia. Si algo es importante, lo repetiré. Aquí hay *cinco* de esas verdades para que tengas en cuenta:

1. *El único que puede predecir el futuro con absoluta certeza es el que lo controla* o alguien que es un representante directo del que lo controla. Dios controla el futuro. Por consiguiente, los mensajes de Dios sobre el futuro son nuestra única fuente fiable de verdad sobre él.

2. *Dios nos da profecías para advertir a los incrédulos y consolar a los creyentes.* ¿Cómo reaccionas cuando escuchas las profecías de la Biblia? Si tienes temor, tal vez no estás listo para el regreso del Señor, y necesitas hacer algunos cambios en tu vida. ¿O tienes esperanza? A través de una comprensión adecuada de las profecías de la Biblia, pierdes todo el miedo y el temor al final y en cambio lo esperas con ansias. Ese es el propósito de este libro. Quiero que entiendas realmente la profecía del fin de los tiempos para que puedas ser consolado y seas capaz de contextualizar los eventos que ocurren en el mundo.

3. *La profecía nos da la seguridad de que toda la Biblia es verdadera.* La Biblia dice la verdad sobre el futuro. ¿Cómo lo sabemos? Porque muchas cosas que la Biblia nos dice que sucederán ya han sucedido. Como Dios cumple lo que la Biblia predice, tenemos pruebas concretas y medibles de que la Biblia y todas sus profecías son verdaderas.

4. *La Biblia y la fe cristiana no tienen ningún rival que nos ayude a entender el futuro.* Ningún otro libro en el mundo y ninguna otra religión puede acercarse a predecir el

futuro de antemano como lo ha hecho la Biblia. Solo hay un Dios, y su versión de los eventos es nuestra única imagen segura de lo que sucederá en el futuro.

5. *La confirmación de la verdad de la Biblia depende de la verdad de sus escritos proféticos.* Si esas profecías no se hacen realidad, entonces la credibilidad de toda la Biblia está en peligro, incluyendo sus afirmaciones sobre Jesucristo. Sin embargo, no hay misterio porque la verdad de la Biblia es fácil de medir. Podemos saber la exactitud de las profecías de la Biblia porque son *extraordinariamente específicas.*

CINCO PROFECÍAS SOBRE ISRAEL

Cuando digo que las profecías de la Biblia son específicas, permíteme darte algunos ejemplos. La Biblia nos da las condiciones del fin de los tiempos y específicamente las condiciones relacionadas con Israel. También nos dice que todas estas condiciones ocurrirán en una sola generación. Considera las palabras de Jesús en el Evangelio de Mateo:

> Ahora, aprendan una lección de la higuera. Cuando las ramas echan brotes y comienzan a salir las hojas, ustedes saben que el verano se acerca. De la misma manera, cuando vean que suceden todas estas cosas, sabrán que su regreso está muy cerca, a las puertas. Les digo la verdad, no pasará esta generación hasta que todas estas cosas sucedan (Mateo 24:32-34, NTV).

Toma nota cuidadosamente del lugar desde donde Jesús dijo estas palabras. Estaba parado en el Monte del Templo de Jerusalén, que yo llamo «el epicentro» de la profecía bíblica. Mientras los discípulos se preguntaban cuándo llegaría el final, Jesús respondió. Fue entonces cuando les dijo que todos estos eventos proféticos sucederían en una sola generación. Quiero que sepan que muchos de estos eventos ya han tenido lugar en *nuestra* generación con más seguridad de seguir. Nosotros somos *esa* generación.

El día de Pentecostés, el Espíritu Santo cayó sobre la Iglesia. El apóstol Pedro se puso de pie para hablar. Abrió con su explicación de los inusuales eventos que estaban ocurriendo, diciendo: «Mas esto es lo dicho por el profeta Joel» (Hechos 2:16, RVR1960). Pedro continuó diciendo a la gente cómo las profecías de Joel se estaban cumpliendo ante sus ojos: *esto es lo dicho*. Te lo digo ahora mismo mientras lees este libro: *esto es lo dicho*. En esta generación, Dios está cumpliendo lo que prometió hace mucho tiempo.

Más adelante explicaré con más detalle por qué creo que Israel es la gran señal de Dios que anuncia la llegada del fin de los tiempos. Por ahora, te daré *cinco ejemplos específicos* de la forma en que Dios ha tejido las profecías sobre Israel en la Biblia en un hermoso patrón.

1. Israel es reunificada dos veces.

La Biblia profetiza que el pueblo de Israel se reunirá de nuevo dos veces después de ser dispersado. El profeta Isaías escribió:

Hacia él correrán las naciones,
y glorioso será el lugar donde repose.
En aquel día el Señor volverá a extender su mano
para recuperar al remanente de su pueblo,
a los que hayan quedado
en Asiria, en Egipto,
Patros y Cus;
en Elam, Sinar y Jamat,
y en las regiones más remotas.
Izará una bandera para las naciones,
reunirá a los desterrados de Israel,
y de los cuatro puntos cardinales
juntará al pueblo esparcido de Judá. (Isaías 11:10-12, NVI).

Durante setenta años, Israel habiendo sido derrotada sufriría y languidecería en Babilonia como resultado de su idolatría y rechazo de Dios. Pero Él no les permitiría quedarse allí para siempre. Dios prometió traerlos de vuelta a su tierra, que es exactamente lo que hizo. En el 586 a. C. comenzó el regreso, y para el 516 a. C. el Templo de Jerusalén fue reconstruido. Entonces Dios cumplió su promesa de nuevo en 1948. Durante casi dos milenios, el pueblo hebreo había estado disperso por todo el mundo. Habían demostrado una notable habilidad para sobrevivir y prosperar en varios momentos de comodidad y persecución. La extrema persecución bajo los nazis precipitó un final y milagroso regreso a su tierra natal por segunda vez, tal como predijo Isaías.

LOS MENSAJES DE DIOS SOBRE
EL FUTURO SON NUESTRA
ÚNICA FUENTE CONFIABLE DE
VERDAD SOBRE EL MISMO.

2. Israel nace en un día.

Isaías escribió de nuevo:

¿Quién ha oído cosa semejante?
¿Quién ha visto jamás cosa igual?
¿Puede una nación nacer en un solo día?
¿Se da a luz un pueblo en un momento?
Sin embargo, Sión dio a luz sus hijos
cuando apenas comenzaban sus dolores (Isaías 66:8, NVI).

El 14 de mayo de 1948, el mandato colonial de Gran Bretaña para Palestina expiró y liberaron el territorio. Antes de que el día terminara, David Ben-Gurion, el jefe de la Agencia Judía, anunció el establecimiento del Estado de Israel. El presidente de los Estados Unidos, Harry Truman, se apresuró a reconocer la nueva nación el mismo día. Otras naciones fueron más lentas en seguir el ejemplo de Truman, pero esa es la fecha de nacimiento del Estado de Israel como gobierno reconocido. Ocurrió en un solo día, el 14 de mayo de 1948.

3. Israel es reunificada desde el norte.

Cuando la nación comenzó a construirse, ¿de dónde vendría el pueblo? Muchos judíos vivían en Europa o en las Américas, y venían por miles. Grandes grupos de personas vinieron de Rusia. Entre enero de 1989 y diciembre de 2002, 1.1 millones de judíos rusos emigraron a Israel. El presidente ruso Mijail Gorbachov abrió las fronteras, permitiendo que los judíos se fueran y cumpliendo sin querer la profecía de Jeremías, escrita 2.500 años antes:

> Por eso —afirma el Señor—, vienen días en que ya no se dirá: "Por la vida del Señor, que hizo salir a los israelitas de la tierra de Egipto", sino: "Por la vida del Señor, que hizo salir a los israelitas de la tierra del norte, y de todos los países adonde los había expulsado". Yo los haré volver a su tierra, la que antes di a sus antepasados (Jeremías 16:14-15, NVI).

Un resultado sorprendente del influjo de los judíos rusos en Palestina es que muchos de estos nuevos inmigrantes eran judíos mesiánicos que formaron nuevas congregaciones, algo que no se habría escuchado hace no muchos años.

4. Jerusalén es retomada por los judíos.

Después de muchos años de desolación y control por parte de las naciones gentiles (no judías), Jesús dijo que Israel sería recapturado por el pueblo judío. Dijo en el Evangelio de Lucas:

> Ahora bien, cuando vean a Jerusalén rodeada de ejércitos, sepan que su desolación ya está cerca. Entonces los que estén en Judea huyan a las montañas, los que estén en la ciudad salgan de ella, y los que estén en el campo no entren en la ciudad. Ese será el tiempo del juicio cuando se cumplirá todo lo que está escrito. ¡Ay de las que estén embarazadas o amamantando en aquellos días! Porque habrá gran aflicción en la tierra, y castigo contra este pueblo. Caerán a filo de espada y los llevarán cautivos a todas las naciones. Los gentiles

pisotearán a Jerusalén, hasta que se cumplan los tiempos señalados para ellos (Lucas 21:20-24, NVI).

El comienzo del cumplimiento de esta profecía fue en el año 70 d. C. El general romano Tito había invadido Israel, destruyendo finalmente la ciudad de Jerusalén. El pueblo judío estaba disperso por todo el mundo (la diáspora), donde permanecerían durante aproximadamente 1.900 años. En 1948 comenzaron a regresar a su tierra natal. Luego, en 1967, Israel se involucró en la Guerra de los Seis Días árabe-israelí. El 10 de junio de 1967, los judíos recuperaron el control de la ciudad, y sigue en sus manos hoy en día. Para mí, este es el evento profético más significativo de mi vida.

5. La tierra de Israel está dividida, sumada al antisemitismo mundial.

Bajo la presión de las Naciones Unidas, Israel se ha visto obligado a renunciar al control de partes de la Ribera Occidental, la Franja de Gaza y la Península del Sinaí. Han estado bajo una creciente presión internacional, incluso de los EE. UU., para conceder Jerusalén Oriental a los palestinos. En los capítulos siguientes hablaré de la continua oposición a Israel y de los esfuerzos de la nación por defenderse. Estos acontecimientos fueron predichos por el profeta Joel:

En aquellos días, en el tiempo señalado,
cuando restaure yo la suerte de Judá y de Jerusalén,
reuniré a todas las naciones

y las haré bajar al valle de Josafat.

Allí entraré en juicio contra los pueblos

en cuanto a mi propiedad, mi pueblo Israel,

pues lo dispersaron entre las naciones

y se repartieron mi tierra. (Joel 3:1-2, NVI).

EL PATRÓN ININTERRUMPIDO DE DIOS

Puede que hayas oído el viejo dicho: «La Biblia está más actualizada que el periódico de mañana». Quiero asegurarte de que esto no es una simple «frase de un predicador». Las profecías bíblicas de Dios son claras y verificables, son innegablemente verdaderas, y las piezas caen juntas en un notable patrón ininterrumpido. Dios dijo que en el mismo período que reuniría a Israel de las naciones del mundo, también entraría en juicio con el mundo. ¿Qué significa esto? Estamos viendo el cumplimiento de las profecías de la Biblia ante nuestros ojos. En la siguiente sección le hablaré de algunas de las otras profecías de la Biblia que aún no se han cumplido, pero algunas de ellas están en proceso de cumplirse incluso mientras escribo este libro. Jesús vendrá por su Iglesia muy pronto. No esperes a preparar tu corazón para conocerlo o para dar testimonio a aquellos que aún no lo conocen. ¡El momento es ahora!

JESÚS VENDRÁ A SU
IGLESIA MUY PRONTO.

2

EL MILAGRO DE ISRAEL

Cuando terminó la Segunda Guerra Mundial, los relatos de las atrocidades nazis sobre el pueblo judío de Europa comenzaron a llegar y luego se convirtieron en un diluvio. Alemania tenía una culpa innegable, pero pronto quedó claro que casi todas las naciones libres habían cometido pecados de comisión y omisión contra el pueblo judío. Algunos países simplemente habían ignorado su difícil situación; otros asumieron papeles más activos en la matanza. Se había derramado suficiente sangre judía como para ensuciar las manos de casi todas las naciones del mundo. La matanza activa del pueblo judío cesó con la rendición del Tercer Reich, pero la mayoría de los judíos supervivientes ya no tenían hogares a los que pudieran volver. Incluso si podían regresar, muchos no querían hacerlo. Un nuevo predicamento reemplazó al ataque nazi: ¿qué podía hacerse con todos los judíos sobrevivientes desplazados?

A casi 2.000 millas de Europa occidental, otra crisis se había estado gestando durante varias décadas. En 1917 el gobierno británico emitió la Declaración Balfour, una declaración pública en la que anunciaba su apoyo al establecimiento de «un hogar nacional para el pueblo judío» en Palestina.[2] En ese momento, la región estaba controlada por el Imperio otomano, un califato de mayoría musulmana que gobernaba gran parte de Oriente Medio. Al final de la Primera Guerra Mundial, solo una pequeña población judía vivía en Palestina.

Aunque Estados Unidos apoyaban en principio la Declaración Balfour, el presidente de los Estados Unidos Franklin D. Roosevelt había asegurado a los árabes palestinos en 1945 que Estados Unidos no intervendrían sin consultar primero tanto a los árabes como a los judíos.[3] Y aunque Gran Bretaña todavía tenía un mandato colonial para Palestina, estaba previsto que expirara en mayo de 1948.[4] La posición oficial británica se había modificado significativamente desde 1917 para oponerse a un estado judío junto al estado árabe en Palestina. Los británicos tampoco apoyaron una gran inmigración de judíos desplazados a la región. Gran Bretaña quería mantener buenas relaciones con los árabes por razones económicas y políticas. En su mayoría, dos de los tres miembros importantes de las fuerzas aliadas de la Segunda Guerra Mundial se oponían a un estado judío o eran indiferentes a él. El futuro de un estado judío en Palestina no parecía esperanzador.

El 12 de abril de 1945, el presidente Roosevelt murió de un derrame cerebral en su pequeña Casa Blanca en Warm Springs, Georgia. Bajo el liderazgo del nuevo presidente Harry S. Truman, las fuerzas aliadas prevalecieron el 2 de septiembre de 1945. Poco después de asumir el cargo, Truman nombró un grupo de expertos en Oriente Medio para explorar las opciones para la región palestina, incluyendo la posibilidad de un estado judío en la región. Los estadounidenses entraron en negociaciones con los británicos para discutir el tema. En mayo de 1946, Truman aprobó una propuesta para admitir 100.000 judíos desplazados en Palestina, y en octubre declaró su apoyo a la creación de un estado judío. En 1947 la Comisión Especial de las Naciones Unidas sobre Palestina recomendó la partición de Palestina en un estado árabe y otro judío. En noviembre de 1947, la ONU adoptó una resolución que dividiría Palestina cuando los británicos debían renunciar a su mandato colonial en el mayo siguiente.[5] A medida que se acercaba la fecha, los dirigentes estadounidenses se preocupaban cada vez más por la posibilidad de una guerra total porque los estados árabes ya habían amenazado con un ataque.

A pesar de la preocupación de los árabes, el presidente Truman decidió reconocer un nuevo Estado de Israel. El 14 de mayo de 1948, los británicos cumplieron su obligación de liberar a Palestina. Al final del día, David Ben-Gurion, el jefe de la Agencia Judía, anunció el establecimiento del Estado de Israel. Mientras que muchas naciones tardaron en reconocer la nueva nación judía, los EE. UU., bajo el liderazgo del presidente Truman, reconocieron la nueva nación el mismo día.[6]

La historia del nacimiento del Israel moderno es más detallada que la que he expuesto aquí, aunque puede ser más información de la que querías saber. Sin embargo, quiero que reconozcas que no fue un proceso fácil. De hecho, la formación de la nación de Israel era altamente improbable, si no imposible. Sin embargo, nada de esto fue una coincidencia. Todo fue profetizado en las Escrituras hace miles de años y es más prueba de la autoridad de la Biblia y de la profecía del fin de los tiempos. Creo sin duda que Dios mismo orquestó todos estos eventos.

Quiero compartir contigo cómo me enamoré de Israel, porque fue algo sobrenatural y nunca podría haber sucedido sin la intervención de Dios. Un día mi esposa y yo estábamos casualmente mirando una librería cristiana, y vi un póster en la pared. Llevaba una simple palabra, «Israel», y tenía una imagen de una menorá (un candelabro judío). Nunca antes me había centrado en la palabra «Israel» y ciertamente no entendía el significado del pueblo judío. A pesar de mi falta de conocimiento, me enamoré sobrenaturalmente de Israel y del pueblo judío en el mismo instante en que mis ojos se posaron en ese póster. Fue como si acabara de ver a la mujer más hermosa del mundo e inmediatamente me enamoré de ella.

Después de mirar ese póster durante unos minutos, me acerqué al dueño de la librería en el mostrador y le pregunté: «¿Qué significa ese cartel ahí?». Procedió a contarme sobre la nación de Israel y el pueblo judío desde la perspectiva de la Biblia. Pero lo que más significó para mí fue cuando me dijo que Jesús era, y es, judío. Ese evento fue tan significativo, y mi amor por Israel solo ha crecido a través de los años.

Algunos de mis lectores, como yo, son probablemente demasiado jóvenes para haber estado vivos cuando Israel se convirtió en una nación, pero todavía estamos en esa generación del nacimiento de la nacionalidad de Israel. La existencia de Israel es de puro milagro; Dios orquestó magistralmente las naciones y los poderes del mundo para que se hiciera realidad. Para que el final llegue, la nación de Israel debe existir. Durante casi 2.000 años el pueblo judío estuvo disperso por todo el mundo, pero su nación renació como una realidad física y geográfica en un día de mayo de 1948. Dios los está reuniendo de nuevo en su patria como respuesta a la profecía bíblica.

LA BIBLIA E ISRAEL

La Biblia contiene la historia de Dios y su amor por la gente. Más específicamente, es sobre su pacto con un pueblo en particular, la nación de Israel. Me recuerda un epigrama escrito una vez como una corta cancioncilla antisemita por el periodista británico William Norman Ewer:

> Qué raro
> que Dios
> haya elegido
> a los judíos.

Numerosos autores y políticos contrarrestaron este despreciativo insulto con sus propios e ingeniosos poemas. La siguiente respuesta ha sido atribuida tanto a Cecil Brown como a Ogden Nash:

Pero no tan extraño
como aquellos que han elegido
al Dios judío,
sin embargo, desdeñan a los judíos.

Aunque Ewer lo intentó como un insulto, la pregunta sigue siendo: «¿Por qué Dios ha elegido a Israel?». El profesor Jon Huntzinger de King's University da esta útil explicación:

Al mostrar su voluntad de dar la salvación y la victoria a los israelitas, que son más pequeños y débiles que sus enemigos, Dios nos da razones para creer que hará lo mismo para cualquier otra persona.[7]

A través de Israel, Dios mostraría su amor y traería la salvación a toda la raza humana. En su gran plan para el mundo, Israel no es inconsecuente; es esencial, y la Biblia demuestra este hecho en cada página. Considera algunas de las grandes verdades sobre Israel que las Escrituras nos muestran:

A TRAVÉS DE ISRAEL, DIOS
MOSTRARÍA SU AMOR Y
TRAERÍA LA SALVACIÓN A
TODA LA RAZA HUMANA.

1. Fueron creados por Dios

Así es como comenzó Israel:

El Señor le dijo a Abram:
«Deja tu tierra,
tus parientes
y la casa de tu padre,
y vete a la tierra que te mostraré.
Haré de ti una nación grande,
y te bendeciré;
haré famoso tu nombre,
y serás una bendición.
Bendeciré a los que te bendigan
y maldeciré a los que te maldigan;
¡por medio de ti serán bendecidas todas las familias de la tierra!»
(Génesis 12:1-3, NVI).

La Biblia afirma repetidamente que Israel es la única nación creada por Dios. Nunca ha habido otra nación formada por Dios mismo. De hecho, la existencia de Israel es un testimonio de la existencia de Dios. La supervivencia del pueblo de Israel es una prueba de la activa providencia de Dios en la vida de su pueblo.

2. Están en un pacto eterno con Dios

Dios también hizo este pacto con Abraham y sus descendientes:

Cuando Abram tenía noventa y nueve años, el Señor se le apareció
y le dijo:

—Yo soy el Dios Todopoderoso. Vive en mi presencia y sé intachable. Así confirmaré mi pacto contigo, y multiplicaré tu descendencia en gran manera. Al oír que Dios le hablaba, Abram cayó rostro en tierra, y Dios continuó: —Este es el pacto que establezco contigo: Tú serás el padre de una multitud de naciones. Ya no te llamarás Abram, sino que de ahora en adelante tu nombre será Abraham, porque te he confirmado como padre de una multitud de naciones. Te haré tan fecundo que de ti saldrán reyes y naciones. Estableceré mi pacto contigo y con tu descendencia, como pacto perpetuo, por todas las generaciones. Yo seré tu Dios, y el Dios de tus descendientes. A ti y a tu descendencia les daré, en posesión perpetua, toda la tierra de Canaán, donde ahora andan peregrinando. Y yo seré su Dios (Génesis 17:1-8, NVI).

Sí, Dios hizo un pacto con su pueblo Israel, y es eterno. Esto significa que sigue vigente hasta el día de hoy. Alguien podría preguntarse: «¿Cuando Dios usa la palabra *Israel*, ¿qué significa? ¿Es la tierra o el pueblo?». La respuesta es que ambos pertenecen a Dios. Su pacto eterno es una promesa de tierra y una promesa del pueblo.

La salvación viene solo a través del sacrificio de sangre de Jesucristo. Una persona judía no puede ser salvada eternamente sin recibir a Jesús por la fe. Sin embargo, Dios mantiene un pacto especial con su pueblo Israel. Eso no significa que Dios ama a los judíos y no ama a los árabes o a los no judíos. Dios ama a todas las personas de todas las razas, y Jesús murió en la cruz por todos.

Pero los judíos son especiales para Dios por causa del pacto. Todos debemos recordar que Dios hizo una promesa a Abraham relacionada con los judíos que aún está vigente hoy en día. Dios le dijo a Abraham:

> Bendeciré a los que te bendigan
> y maldeciré a los que te maldigan... (Génesis 12:3, NVI).

Para demostrar la realidad de esa promesa, nunca hubo una potencia mundial que persiguiera a los judíos que siguiera siendo grande. También es cierto para los individuos, grupos, religiones y todas las naciones.

3. Una bendición para las naciones

Dios le dijo a Abraham: «¡Por medio de ti serán bendecidas todas las familias de la tierra!» (Génesis 12:3, NVI). Dios no solo prometió la bendición, sino que también prometió que su pueblo Israel bendeciría a otros. Y la promesa de Dios se ha cumplido muchas veces, ya que el pueblo judío ha bendecido al mundo más que cualquier otra nación. ¿Cómo puedo hacer esta afirmación? Considera solo tres de los regalos que el pueblo judío ha dado al mundo.

- Primero, el pueblo judío nos dio *el hombre más importante* de toda la historia humana: nuestro Señor y Salvador Jesús de Nazaret. Es nuestro Mesías, y es un judío. ¿Cómo, entonces, podría alguno de sus seguidores ser antisemita? (Alguien que es antisemita está en contra de los judíos u odia a los judíos). Nunca entenderé cómo un *cristiano* puede ser también *antisemita*. Es una contradicción de términos. Ten en cuenta que no dije que Jesús *fue* judío, dije que *es* judío. Nuestro Salvador *es* judío por toda la eternidad.

- Segundo, el pueblo judío nos regaló *el libro más importante* de la historia del mundo: la Biblia. De hecho, el pueblo judío escribió cada palabra en ella. Este libro cien por ciento judío nos ha dado la luz con la que podemos vivir nuestras vidas y conocer la intención de Dios para nosotros incluso después de dejar el mundo.

- Finalmente, el pueblo judío nos dio *la organización más importante*: la Iglesia. El día de Pentecostés, cuando el Espíritu Santo descendió y nació la Iglesia, el cien por ciento de los que recibieron el Espíritu por primera vez eran judíos. El cien por ciento de las personas en la audiencia del primer sermón cristiano eran judíos. Por gracia (de ellos y de Dios), los que no somos judíos (gentiles) fuimos invitados a la Iglesia. Esos primeros creyentes judíos escucharon al Espíritu Santo, y como resultado se nos permitió entrar en la Iglesia.

El hombre más importante. El libro más importante. La organización más importante. Esos son solo tres de los regalos que el pueblo judío nos ha dado. Bendecimos a los judíos, porque por ellos Dios ha bendecido a todas las familias del mundo.

ISRAEL ES LA CAMPANA DE DIOS

La oveja líder del rebaño se llama *la campana*. Lleva una campana alrededor de su cuello y es la primera en la línea de todas las otras ovejas. Metafóricamente, la campana es como un indicador o predictor de un evento que sucederá en algún momento futuro. Israel es la campana de Dios. En un sentido real, Israel es la gran señal y cronómetro profético de Dios. Esto es lo que dice el profeta Joel sobre el final de los tiempos:

> El sol se convertirá en tinieblas
> y la luna en sangre
> antes que llegue el día del Señor, día grande y terrible.
> [Esto será el fin; será el Día del Juicio Final.]
> Y todo el que invoque
> el nombre del Señor escapará con vida,
> porque en el monte Sión y en Jerusalén habrá escapatoria,
> como lo ha dicho el Señor.
> Y entre los sobrevivientes estarán los llamados del Señor
> En aquellos días, en el tiempo señalado,
> cuando restaure yo la suerte de Judá y de Jerusalén,
> reuniré a todas las naciones
> y las haré bajar al valle de Josafat.
> Allí entraré en juicio contra los pueblos
> en cuanto a mi propiedad, mi pueblo Israel,
> pues lo dispersaron entre las naciones
> y se repartieron mi tierra (Joel 2:31–3:2).

Este regreso comenzó en 1948 y ha estado ocurriendo desde entonces. Dios dice que los traerá al Valle de *Josafat*, que significa «*Yahvé* ha juzgado». Esta profecía se refiere al Armagedón, donde la escena final de la historia humana ocurrirá cuando todas las naciones del mundo marchen contra la nación de Israel para destruirla. Joel entrega una profecía del fin de los tiempos, que está más actualizada que nuestras noticias de la mañana. De hecho, se está desarrollando ante nosotros cada día y es más prueba de que somos la última generación.

Señalaré otra metáfora común: el canario en la mina de carbón. Hoy en día los mineros de carbón tienen acceso a sofisticados instrumentos científicos y medidores que determinan la calidad del aire en las minas. Sin embargo, los mineros de carbón solían depender de pájaros enjaulados (canarios) para medir si una mina era segura para los trabajadores humanos. Los sistemas respiratorio y nervioso de los canarios son mucho más sensibles que los de los seres humanos. Por lo tanto, si un canario se veía afectado físicamente, generalmente por los niveles de monóxido de carbono, era hora de que los humanos abandonaran la mina. Israel es el proverbial canario en la mina de carbón para toda la humanidad. Lo que le sucede a Israel es la gran señal de Dios de lo que pronto le sucederá al mundo entero. *Cuatro eventos contemporáneos* demuestran este hecho. Estos sucesos también cumplen el pasaje de la profecía de Joel 2.

1. Renacimiento y reagrupación

La profecía de Joel predice el renacimiento de Israel y el reencuentro del pueblo judío. Dios dice: «En ese día y en ese tiempo, cuando reúna a mi pueblo de las naciones». En el plan de Dios el fin de los tiempos comenzó de hecho el 14 de mayo de 1948, y podemos saber que eso es cierto porque en el capítulo tres de Joel Dios está hablando en primera persona y está diciendo efectivamente: «Cuando traiga de vuelta a mi pueblo de todas las naciones, la Batalla de Armagedón va a suceder en el mismo marco de tiempo. Cuando traiga de vuelta a mi pueblo a su tierra, en ese mismo período de tiempo, voy a entrar en juicio con todas las naciones del mundo por cómo han tratado a mi pueblo y cómo han dividido mi tierra».

2. División de la tierra

Joel predice la división de la tierra de Israel. Considera que de 2006 a 2016, el Consejo de Derechos Humanos de las Naciones Unidas criticó a Israel sesenta y ocho veces, tres veces más que a cualquier otra nación. Y de las noventa y siete resoluciones adoptadas por la Asamblea General de las Naciones Unidas entre 2012 y 2015, ochenta y tres fueron contra Israel.[8] La ONU ha llamado a Israel un «estado racista», y algunos miembros de la ONU incluso la han acusado de *apartheid*.[9] Piensa en la ironía de esa acusación considerando los horrores que el pueblo judío ha experimentado en el último siglo.

Claramente, la ONU se opone a la nación de Israel, pero esto también cumple una profecía de los tiempos finales. Las Naciones Unidas, incluidos los Estados Unidos, han obligado a Israel a ceder tierras varias veces en una estratagema llamada «Tierra por la paz».[10] Israel sigue cediendo tierras, pero no hay una paz duradera. Cada concesión de tierra a los palestinos tan solo lleva a una renovada agresión por parte de ellos. Normalmente coloca a los palestinos hostiles más cerca de las ciudades israelíes. Cuando los palestinos ganan tierra, significa más oportunidades para actos terroristas y mayor precisión para los misiles letales.

En 2005, bajo el liderazgo del Presidente Bush, los Estados Unidos obligaron a Israel a abandonar la mayor parte de la Franja de Gaza —tierra israelí— y a entregarla a los palestinos. Siete días después, el huracán Katrina golpeó la costa del Golfo de los Estados Unidos. El Rabino Ovadia Yosef declaró abiertamente que el desastre natural era «la retribución de Dios por las acciones de Estados Unidos».[11]

Lo que Dios dice en la profecía de Joel está sucediendo en el día de hoy. La ONU y algunos líderes políticos en los EE. UU. están trabajando activamente para forzar a Israel a una solución de dos estados con los palestinos. Esta iniciativa es un intento de obligar a Israel a reconocer un estado palestino.[12] Sin embargo, este plan tiene dos aparentes inconvenientes. En primer lugar, los palestinos han aterrorizado activamente a los israelíes y están dirigidos por terroristas admitidos. En segundo lugar, los dirigentes palestinos no tienen intención de reconocer el derecho de Israel a existir. De hecho, tienen la promesa declarada de la destrucción última e inmediata de Israel.[13] ¿Por qué reconocerían a alguien que se niega a reconocerlos y quiere aniquilarlos? ¿Por qué algunos líderes de los Estados Unidos han estado tratando de obligar a los israelíes a conceder sus tierras a los terroristas? Permítanme ser claro: no estoy afirmando que todos los palestinos son terroristas, pero sí digo que sus líderes tienen un largo historial de actos terroristas.

Dios declara: «Voy a traer de vuelta a mi pueblo. De todo el mundo, voy a reunirlos. Y voy a entrar en juicio con la gente que está dividiendo mi tierra». Te digo, por razones bíblicas, que la tierra pertenece a Dios, y la tierra pertenece a Israel. El pueblo judío solo tiene un pequeño pedazo de tierra en el Oriente Medio, y sin embargo no pueden ni siquiera descansar allí porque las naciones y organizaciones multinacionales del mundo siguen tratando de forzarlos a renunciar a ella. Estas profecías, muchas de las cuales fueron escritas hace más de 2.000 años, dicen que la escena final de la historia de la humanidad se establecerá con el mundo entero convergiendo en batalla contra una pequeña e insignificante nación en el Oriente Medio. Esta ofensiva se está desarrollando ante nuestros ojos.

3. El próximo Armagedón

Zacarías dijo esta importante profecía del Señor:

He aquí yo pongo a Jerusalén por copa que hará temblar a todos los pueblos de alrededor contra Judá, en el sitio contra Jerusalén. Y en aquel día yo pondré a Jerusalén por piedra pesada a todos los pueblos; todos los que se la cargaren serán despedazados, bien que todas las naciones de la tierra se juntarán contra ella. (Zacarías 12:2-3, RVR1960).

¿Qué significa cuando el Señor dice que Jerusalén será una «piedra pesada»? Israel se encontrará en una situación política imposible.

El 6 de diciembre de 2017, el presidente Donald Trump anunció que Estados Unidos comenzaría a reconocer a Jerusalén, en lugar de Tel Aviv, como la capital de Israel y trasladaría la embajada de Estados Unidos a Jerusalén.[14] Los líderes mundiales e incluso algunos estadounidenses se volvieron apopléjicos. La condena internacional por la decisión de los Estados Unidos fue rápida y casi unánime. El Consejo de Seguridad de la ONU celebró una reunión de emergencia al día siguiente, y catorce de los quince miembros condenaron la decisión de EE. UU. Estados Unidos fue el único miembro que votó en contra de la moción, constituyendo un voto de veto. Ninguno de los aliados de EE. UU. apoyó la decisión.[15] Solo siete naciones (Guatemala, Honduras, las Islas Marshall, Micronesia, Nauru, Palau y Togo) se pusieron de acuerdo con EE. UU. e Israel sobre el asunto.[16] Sin embargo, ninguno de ellos es miembro del Consejo de Seguridad. Todos los miembros de la Unión Europea reafirmaron su compromiso con un Estado palestino con su capital en Jerusalén oriental.

Los funcionarios palestinos expresaron aún más su desaprobación, diciendo que la decisión descalificaba a los EE. UU. de participar. Los líderes de Hamas pidieron una nueva ofensiva militar contra los israelíes. Tras el anuncio del presidente Trump, los palestinos se manifestaron con ira y violencia en la Ribera Occidental y la Franja de Gaza, así como en varios otros países.[17] Sin embargo, el 14 de mayo de 2018, la embajada de Estados Unidos abrió oficialmente en Jerusalén.[18] Era el 70 aniversario de que Israel se convirtiera en una nación. Antes de que terminara el día, había estallado una violencia mortal en la frontera de Gaza.[19]

Hasta este punto de la historia, incluso EE. UU. se había opuesto al traslado de la capital nacional de Israel a Jerusalén. Jerusalén se ha convertido en una «piedra pesada», en cumplimiento directo de la profecía de Zacarías. La lucha por Jerusalén no ha terminado, aunque haya una breve e incómoda pausa en la batalla.

4. Lunas de sangre

Dios creó el sol, la luna y las estrellas como señales en el cielo para establecer su reloj de tiempo para las fiestas de Israel y como señales de eventos significativos. En un capítulo posterior discutiré algunas de las señales más significativas en el cielo, pero quiero hablarte de una de esas señales ahora porque se relaciona específicamente con lo que Dios está haciendo en Israel.

El profeta Joel escribió lo siguiente:

El sol se convertirá en tinieblas y la luna en sangre
antes que llegue el día del SEÑOR, día grande y terrible.
(Joel 2:31, NVI; ver también Hechos 2:20).

Una luna de sangre es lo mismo que un eclipse lunar cuando la luna se vuelve roja. Cuatro lunas de sangre consecutivas se llaman tétradas. Antes de 1949 la convergencia de cuatro lunas de sangre consecutivas en los días sagrados judíos no había ocurrido durante 500 años, y no volverá a ocurrir hasta dentro de otros 500 años.[20] Durante un tiempo muy corto, Dios ha estado colgando un anuncio en los cielos y diciéndonos: «¡Miren! Estoy haciendo algo muy especial aquí». De nuevo, la Biblia nos dice que esto sucedería.

La primera vez que hubo cuatro lunas de sangre en los días sagrados judíos en años sucesivos fue en 1493 y 1494. La mayoría de nosotros en las Américas recordamos 1492 como el año en que «Colón navegó el océano azul» y vino a las Américas. ¿Pero sabían que en 1492 el Rey Fernando y la Reina Isabel expulsaron a los judíos de España si no se convertían al catolicismo? ¿Sabía también que muchos historiadores creen que Cristóbal Colón era secretamente un judío y que el verdadero propósito de su viaje a América era encontrar un lugar seguro para que los judíos vivieran?

La segunda vez que hubo cuatro lunas de sangre en los días sagrados judíos en años sucesivos fue en 1949 y 1950. Israel se convirtió en una nación en un solo día el 14 de mayo de 1948, pero no se estableció como gobierno hasta 1949. La tercera vez que ocurrió fue en 1967 y 1968. Los judíos tomaron el control total de la ciudad de Jerusalén en 1967 después de la Guerra de los Seis Días. La cuarta y última vez que ocurrió fue en 2014 y 2015. Y en esos años también vimos un eclipse solar total y parcial en los días sagrados judíos.

Indudablemente, Dios está enviando señales en el cielo relacionadas con el fin de la era y el regreso de Jesús, tal como el libro de Joel y el propio Jesús dijo que lo haría. Y estas son señales muy importantes. Esto es lo que creo que el significado de cada una de las tétradas de lunas de sangre ha significado desde 1493:

- *El comienzo de la reagrupación del pueblo santo de Dios (1493 y 1494).*

  Después de que el general romano Tito derrotó al pueblo judío en el año 70 d. C., muchos fueron llevados cautivos y luego dispersados por todo el mundo. A partir de ese momento, no tenían ningún lugar al que llamar hogar. Los eventos de 1492 fueron el comienzo de un reencuentro del pueblo judío por Dios.

- *El restablecimiento de la nación santa de Dios (1949 y 1950).*

  La tétrada de lunas de sangre durante este tiempo fue un grito de júbilo en el cielo de que la patria judía había renacido oficialmente y el pueblo judío podía regresar de todo el mundo. Este evento fue el cumplimiento de muchas profecías del Antiguo y Nuevo Testamento, y según el capítulo tres de Joel, fue el comienzo de la cuenta regresiva de la última generación.

- *La reunificación de la Ciudad Santa de Dios (1967 y 1968).*

Cuando la nación de Israel renació en 1948, los judíos controlaban solo la mitad de la ciudad de Jerusalén. Luego, en 1967, Israel recuperó todo Jerusalén como su capital en la Guerra de los Seis Días o en la Tercera Guerra Árabe-Israelí.[21] *Considero que este es el evento más importante relacionado con el fin de los tiempos que ha sucedido durante mi vida.* Las cuatro lunas de sangre ocurrieron en los días sagrados judíos durante los siguientes 24 meses.[22] En Lucas 21:24 Jesús profetizó la derrota de Israel, la destrucción de Jerusalén, la dispersión de los judíos por todo el mundo y que Jerusalén sería pisoteada por los gentiles (no judíos) hasta que se cumplieran los tiempos de los gentiles. Eso ocurrió en 1967 y fue un importante cumplimiento profético que señalaba el pronto regreso de Jesús.

- *Los judíos se preparan para reconstruir el templo sagrado de Dios (2014 y 2015).*

Después del tumultuoso conflicto de Gaza, volvieron a ocurrir cuatro lunas de sangre durante las fiestas judías.[23]

El pueblo judío ha querido reconstruir el Templo desde el restablecimiento de Israel en 1948, el movimiento ha sido aplastado en gran medida, sobre todo por la interferencia internacional. A pesar de la oposición, los llamamientos a la reconstrucción han aumentado considerablemente, ya que el Instituto del Templo y otros grupos religiosos judíos se han preparado diligentemente para reconstruir el Templo y restablecer todas las ceremonias, sacrificios y cultos de acuerdo con las pautas y prácticas bíblicas. El 28 de agosto de 2018, nació una ternera roja en Israel, y este animal actualmente califica como «intachable». Este incidente es crítico porque no se puede construir un tercer Templo hasta que exista una novilla roja que pueda calificarse como sacrificio y sus cenizas se utilicen para la limpieza y preparación del Templo, según el capítulo 19 de Números. De acuerdo con la tradición judía solo ha habido nueve novillas rojas sacrificadas desde Moisés, y la décima anunciará la Era Mesiánica. Esta nueva novilla roja calificaría como la décima. Creo que las lunas de sangre de 2014 y 2015 anunciaron la temporada de reconstrucción del Templo y el pronto regreso de Jesús. También es mi opinión que los creyentes no verán el Templo reconstruido porque el Arrebatamiento ocurrirá primero. Entonces el Anticristo confirmará un pacto de siete años con Israel (Daniel 9:27). Creo que este pacto con el Anticristo permitirá a los judíos reconstruir su Templo a cambio de que concedan parte del Monte del Templo a los musulmanes y a Jerusalén Oriental como capital de los palestinos. Creo que este evento es el cumplimiento de esta profecía:

Entonces me fue dada una caña semejante a una vara de medir, y se me dijo: Levántate, y mide el templo de Dios, y el altar, y a los que adoran en él. Pero el patio que está fuera del templo déjalo aparte, y no lo midas, porque ha sido entregado a los gentiles; y ellos hollarán la ciudad santa cuarenta y dos meses. (Apocalipsis 11:1-2, RVR1960).

Esta profecía se relaciona con los primeros tres años y medio de la Tribulación cuando a los judíos se les permitirá reconstruir su Templo, pero no se les dará todo el Monte del Templo. El apóstol Juan también profetiza que la Ciudad Santa será pisoteada por los gentiles durante 42 meses, que son tres años y medio.

Estoy agradecido de que nuestro Dios nos hable de manera inequívoca para que podamos estar preparados adecuadamente. Cuando Jesús regrese y llegue el final, ninguna persona del planeta tendrá una excusa para no estar preparada. No solo nos lo dijo Dios a través de Su Palabra, sino que también lo ha estado proclamando en los cielos. En un capítulo posterior, discutiré otras señales proféticas en los cielos relacionadas con el fin de los tiempos, pero las lunas de sangre se relacionan específicamente con el cumplimiento de la profecía de Joel sobre la nación de Israel.

PUNTO DE QUIEBRA

5. Odio global

En Joel 3 el Señor dice a las naciones del mundo que las llevará a juicio por cómo han tratado a su pueblo Israel. El antisemitismo no ha desaparecido. De hecho, está aumentando en América y Europa. Muchos judíos son forzados a dejar Europa y regresar a Israel o venir a los EE. UU. por temor a su seguridad. El antisemitismo se está gestando en todo el mundo, pero la Biblia dice que esto ocurrirá en el mismo final de los tiempos. Dios declara:

> Porque he aquí que en aquellos días, y en aquel tiempo en que haré volver la cautividad de Judá y de Jerusalén, reuniré a todas las naciones, y las haré descender al valle de Josafat, y allí entraré en juicio con ellas a causa de mi pueblo, y de Israel mi heredad, a quien ellas esparcieron entre las naciones, y repartieron mi tierra (Joel 3:1-2, RVR1960).

En el año 70 d. C., el general romano Tito (más tarde emperador) derrotó al pueblo judío en Israel, y los supervivientes fueron dispersados por todo el mundo.[24] Jesús profetizó en Lucas 21:24: «Y caerán a filo de espada, y serán llevados cautivos a todas las naciones; y Jerusalén será hollada por los gentiles, hasta que los tiempos de los gentiles se cumplan» (RVR1960). Luego, en 1967, Jerusalén quedó bajo el control de la nación de Israel. Esto marcó el final de la era de los gentiles.

40

UN MENSAJE PARA ESTA GENERACIÓN

En una sola generación veremos cumplidos todos los eventos del fin de los tiempos. Jesús dijo: «De cierto os digo, que no pasará esta generación hasta que todo esto acontezca» (Mateo 24:34, RVR1960). Él estaba hablando de los tiempos que estamos viviendo. No hablaba de su generación mientras estaba aquí en la tierra. Toda esa gente murió.

Te preguntarás: «Pero, Jimmy, ¿no han tenido todas las generaciones señales del fin de los tiempos?». Sí, los han tenido. Cada generación ha tenido terremotos y hambrunas. Cada generación ha visto algunos líderes locos que la gente pensó que podrían ser el Anticristo. Así que, tienes toda la razón. Aún así, la última generación no tendrá *algunas* señales; tendrá *todas* las señales.

La Biblia proclama que el fin ocurrirá dentro de una generación. ¿Pero cuánto tiempo es una generación? En el Salmo 90 (RVR1960), Moisés escribió:

Los días de nuestra edad *son* setenta años;
Y si en los más robustos *son* ochenta años, (v. 10).

El 14 de mayo de 2018, el Estado de Israel cumplió 70 años. Cinco meses antes, el 6 de diciembre de 2017, el presidente de EE. UU. Donald Trump reconoció a Jerusalén como la verdadera y legítima capital nacional de Israel y comenzó los planes para trasladar la embajada de EE. UU. de Tel Aviv a Jerusalén. Por primera vez desde el rey Ciro, que gobernó hace aproximadamente 2.500 años, un importante líder mundial ha reconocido formalmente a Jerusalén como la capital de Israel. Sí, creo que el reloj avanza muy rápidamente. Si la generación a la que Jesús se refería son 70 años, entonces ya la hemos superado. Si son 80 años, no estamos tan lejos. De cualquier manera, estos son días fascinantes.

Diré de nuevo que no tengo ni el derecho ni la capacidad de fijar las fechas exactas en las que vendrá el final, pero te digo lo que dice la Biblia. Jesús dijo que la generación que vea el *principio* del fin verá todas las cosas cumplidas. El fin de los tiempos está sobre nosotros, incluso ahora. Son una cantidad comprimida de tiempo en la mente de Dios, y lo que vemos que sucede en Israel hoy es una prueba.

CUANDO JESÚS REGRESE Y
LLEGUE EL FINAL, NINGUNA
PERSONA DEL PLANETA
TENDRÁ UNA EXCUSA PARA
NO ESTAR PREPARADA.

3

ISRAEL: LA GRAN
SEÑAL DE DIOS

En el capítulo anterior traté los signos del fin de los tiempos en relación con Israel y la ciudad de Jerusalén. Sí, Israel está en un punto de quiebra, y la Biblia nos dice lo que sucederá pronto. La nación de Israel se enfrentará a dos grandes guerras antes del final. Una de esas guerras está registrada en el Salmo 83, y parece que los inicios de esa guerra podrían haber comenzado ya.

LA GUERRA DE GOG Y MAGOG

Sin embargo, una segunda y más grande guerra también se avecina, que según la Biblia involucrará a Gog y Magog. Ezequiel dio una profecía sobre esta guerra que se avecina:

> El SEÑOR me dirigió la palabra: «Hijo de hombre, encara a Gog, de la tierra de Magog, príncipe soberano de Mésec y Tubal. Profetiza contra él y adviértele que así dice el SEÑOR omnipotente: "Yo estoy contra ti, Gog, príncipe supremo de Mésec y Tubal. Te haré volver, te pondré garfios en la boca y te sacaré con todo tu ejército, caballos y jinetes. Todos ellos están bien armados; son una multitud

enorme, con escudos y broqueles; todos ellos empuñan la espada. Con ellos están Persia, Etiopía y Fut, todos ellos armados con escudos y yelmos. Gómer también está allí, con todas sus tropas, y también Bet Togarma, desde el lejano norte, con todas sus tropas y muchos ejércitos que son tus aliados.

Prepárate, manténte alerta, tú y toda la multitud que está reunida a tu alrededor; ponlos bajo tu mando. Al cabo de muchos días se te encomendará una misión. Después de muchos años invadirás un país que se ha recuperado de la guerra, una nación que durante mucho tiempo estuvo en ruinas, pero que ha sido reunido de entre los muchos pueblos en los montes de Israel. Ha sido sacado de entre las naciones, y ahora vive confiado. Pero tú lo invadirás como un huracán. Tú, con todas tus tropas y todos tus aliados, serás como un nubarrón que cubrirá la tierra"». (Ezequiel 38:1-9, NVI).

La guerra que Ezequiel predice no ha ocurrido aún, pero está por venir. De hecho, los eventos que la precedieron están sucediendo incluso mientras escribo estas palabras.

¿De qué naciones profetizaba Ezequiel? Aquí está parte de la lista:

- Muchos creen que Gog y Magog son Rusia.

- Persia es Irán (los iraníes no son árabes; son persas).

- Esta profecía incluye partes del actual Iraq y Afganistán.

- Etiopía incluye partes del actual Sudán y el sur de Egipto.

- Togarma es Turquía.

Ezequiel también incluye a otras naciones, pero las que acabo de mencionar son las principales. Cuando Ezequiel registró esta profecía, la religión del islam aún no existía. No se formó hasta el siglo VII, así que el profeta no habría sabido que estaba describiendo el mundo musulmán contemporáneo, que abarca muchos países e incluye a aquellos que se han radicalizado contra los judíos y la nación de Israel.

Hoy en día Rusia está ayudando a Irán en su construcción de instalaciones nucleares.[25] El gobierno iraní afirma que necesita estas instalaciones para ampliar las opciones energéticas de la nación,[26] pero algo más siniestro está en marcha. Tengan en cuenta que Irán no es el nombre completo del país; es la República Islámica de Irán y tiene el propósito declarado de destruir la nación de Israel. Los islamistas radicales, que incluyen a los iraníes y a ISIS, creen que Alá los ha llamado a destruir a Israel y a traer el fin de la era con su propia versión del mesías.[27]

Los políticos simples no gobiernan a los iraníes. En su lugar, sus líderes religiosos, llamados mulás, controlan la maquinaria política y la dirección de la nación. Si quieres entender el gobierno de Irán, entonces imagina un grupo selecto de pastores que tienen la autoridad final sobre el presidente de Estados Unidos, el Congreso y la Corte Suprema. Eso es lo que está sucediendo en Irán. Estos líderes son musulmanes extremistas, lo que explica la situación actual de Irán. Debo decir que no creo que la mayoría de los ciudadanos iraníes tengan estas creencias extremas. De hecho, creo que en general son personas amables e inteligentes que aman a EE. UU. y respetan a los judíos. Sin embargo, no son los que vemos más a menudo en las noticias cuando su gobierno denuncia a Israel y llama a Estados Unidos «El Gran Satán».[28] Ese sentimiento viene del gobierno controlado por los musulmanes que quieren destruir a Israel y a cualquiera que la apoye.

Debido a este objetivo declarado de destruir a Israel, nunca se debe permitir que Irán obtenga armamento serio, que podría crear una destrucción masiva en Israel o en cualquier otra nación. Las naciones occidentales, incluyendo a Estados Unidos, nunca deben permitir que los iraníes desarrollen tecnología o armamento nuclear. Si escuchas que los líderes de los Estados Unidos han tomado una posición dura contra Irán, es porque conocen los objetivos declarados y las maniobras de trasfondo de ese gobierno.

A finales de los años setenta, Sadaam Hussein, el líder supremo de Irak, supervisó la construcción de una planta nuclear al sureste de Bagdad. Afirmó que quería expandir las opciones energéticas de su nación, pero parte de su agenda también incluía la destrucción final de Israel. El 7 de junio de 1981, los bombarderos israelíes llevaron a cabo con audacia la Operación Babilonia (también conocida como Operación Opera), que tenía como objetivo el reactor nuclear de Irak.[29] Israel declaró legítimamente la operación un acto de autodefensa. La mayoría de los expertos internacionales coincidieron en que los iraquíes estaban a menos de un mes de llegar a un punto crítico en la creación de un arma nuclear. Si bien algunos observadores internacionales denunciaron las acciones de Israel en ese momento, es evidente en retrospectiva que los israelíes adoptaron medidas necesarias y decisivas para asegurar su propia supervivencia.

Mientras escribo estas palabras, las tensiones entre Irán e Israel no han disminuido. Irán está en una guerra con los israelíes por intermedio de Siria.[30] Durante la administración del presidente de Estados Unidos, Barak Obama, Israel consideró la posibilidad de bombardear a Irán. Algunos informes afirman que el gobierno de Estados Unidos amenazó con derribar los aviones israelíes si intentaban un ataque.[31] Israel estaba solo, aislado en el Oriente Medio. Bajo la administración de Trump, las relaciones de EE. UU. con Israel han mejorado, pero las tensiones con Irán siguen creciendo.

El presidente iraní Hassan Rouhani ha dicho que puede retirar a su país de un acuerdo para limitar la capacidad de Irán de desarrollar armas nucleares. En junio de 2019, él anunció que Irán reiniciaría su programa de enriquecimiento de uranio.[32] Si es así, los iraníes podrán desarrollar un arma nuclear en un año o menos. Las afirmaciones de Rouhani de que Irán utilizará el uranio para las redes eléctricas civiles han sido recibidas con escepticismo por Estados Unidos y sus aliados. El 17 de junio de 2019, el primer ministro israelí Benjamin Netanyahu dijo: «Israel no permitirá que Irán obtenga armas nucleares».[33] Históricamente, Israel no ha tenido miedo de tomar medidas preventivas para protegerse a sí misma, incluyendo el lanzamiento de ataques preventivos contra naciones que percibe como amenazantes, como lo hizo en Irak. A medida que la situación se vuelva más volátil, la acción unilateral israelí se vuelve más justificable y probable. También es probable la desaprobación internacional de las acciones necesarias de Israel para asegurar su supervivencia.

La política de contraproliferación de Israel de mucho tiempo se conoce como la Doctrina de Inicio, que permite a las fuerzas israelíes llevar a cabo ataques preventivos contra cualquier nación hostil que participe en programas de armamento que amenacen directamente la seguridad de Israel.[34] Israel ha actuado en esta doctrina según la nación lo considere necesario. Durante décadas, el ejército israelí ha destruido instalaciones y capacidades químicas, nucleares y de tecnología informática en todo el Oriente Medio. El actual gobierno israelí mantiene una posición firme de que tiene la opción de atacar a Irán en defensa propia. Netanyahu ha advertido que «la adquisición de armas nucleares por parte de Irán sería infinitamente más costosa que cualquier escenario que se pueda imaginar para detenerlas».[35] Si Irán reinicia el enriquecimiento de uranio, entonces los ataques podrían ser inevitables.

Hasta hace poco, ISIS controlaba la mitad de Siria y tenía puestos avanzados en toda la región. Estados Unidos libró una guerra defensiva contra el estado rebelde, que tenía un programa agresivo para controlar las naciones alrededor de Israel y, en última instancia, provocar la destrucción de Israel. Sorprendentemente, la Biblia describió esta situación hace más de 2.500 años. El cuadro que Ezequiel ilustra en su profecía es la realidad geopolítica actual exacta. Esas naciones todavía existen en una forma moderna, todavía están en unión unos con otros, y todavía odian a Israel.

Quizás te preguntes: «¿Cómo comenzará esta gran guerra?». Declararé la respuesta desde mi propia opinión, pero no es una opinión no estudiada. La nación de Israel debe defenderse. No puede permitir que Irán perfeccione su tecnología nuclear, lo que llevará a un armamento nuclear. Es una clara y presente amenaza existencial para la nación. Creo que Israel tendrá que atacar a Irán primero y con fuerza decisiva. Los iraníes tienen un poderoso ejército, pero Israel es más poderoso que todos los demás países de Oriente Medio juntos. Los israelíes poseen armas y tecnología altamente sofisticadas. Aún más, el pueblo de Israel está lleno de coraje y determinación. Usarán todos los medios necesarios para preservar su nación.

El gobierno ruso ha advertido a Israel que este «posible escenario militar contra Irán será catastrófico para la región» y que «deben considerar las consecuencias de tal acción para ellos mismos».[36] A través de Ezequiel, Dios dice: «Te pondré garfios en la boca [...] y te haré venir contra los montes de Israel». (Ezequiel 38:4; 39:2, NVI). De hecho, Ezequiel continúa diciendo que cuando todas estas naciones los invadan, el pueblo de Israel no tendrá que disparar un solo tiro. Dios dice a los enemigos de Israel: «Yo mismo los mataré». Creo que esta es la respuesta de Dios a la Jihad Islámica. Tomará siete meses enterrar a los muertos y otros siete años para limpiar los escombros, según el capítulo 39 de Ezequiel. Así de catastrófico dice Dios que será.

¿Qué quiere decir Dios cuando declara: «Te pondré garfios en la boca»? En el mundo antiguo un maestro tomaba un palo con un gancho en el extremo y lo introducía en la mandíbula de un burro. Esto obligaba al animal a seguir y obedecer. A través de Ezequiel, Dios dice: «Rusia, déjame decirte algo. Irán, déjame decirte algo. Déjenme decirles algo, a todos los países islámicos que quieren destruir a Israel. Yo estoy en control de ustedes, y cuando esté listo, voy a ponerles un garfio en la boca. Los arrastraré a los montes de Israel, y Yo mismo los mataré por mi pueblo, Israel».

Todas estas naciones odian a Israel. Han jurado destruirla, pero Dios tendrá una respuesta inequívoca. Estos eventos podrían comenzar antes del final de este día. Todas las naciones que figuran en la lista de Ezequiel están presentes y se han contabilizado. Todas están alineadas y unificadas en su odio a Israel. Sin embargo, Dios también está presente y consciente, e intervendrá con una ferocidad desenfrenada.

EL PACTO CON EL ANTICRISTO

Creo que Israel pronto confirmará un pacto de siete años con el Anticristo. Creo que esta alianza podría venir en respuesta a la guerra de Gog y Magog.

El profeta Daniel escribió sobre la abominación desoladora:

Y por otra semana [una semana significa siete años];

confirmará el pacto con muchos [Daniel está hablando de Israel];

a la mitad de la semana [lo que indica tres años y medio

en la tribulación de los siete años]

hará cesar el sacrificio y la ofrenda.

Después con la muchedumbre de las abominaciones vendrá el

desolador,

hasta que venga la consumación,

y lo que está determinado se derrame sobre el desolador.

(Daniel 9:27, RVR1960, comentario mío).

En Mateo 24, Jesús da su propio comentario a este pasaje del libro de Daniel:

Por tanto, cuando veáis en el lugar santo la abominación desolado-ra de que habló el profeta Daniel (el que lee, entienda), entonces los que estén en Judea, huyan a los montes. El que esté en la azotea, no descienda para tomar algo de su casa; y el que esté en el campo, no vuelva atrás para tomar su capa. Mas ¡ay de las que estén encintas, y de las que críen en aquellos días! Orad, pues, que vuestra huida no sea en invierno ni en día de reposo; porque habrá entonces gran tribulación, cual no la ha habido desde el principio del mundo hasta ahora, ni la habrá. Y si aquellos días no fuesen acortados, nadie sería salvo; mas por causa de los escogidos, aquellos días serán acortados (Mateo 24:15-22, RVR1960).

Jesús se refiere a la época de la Tribulación, los últimos siete años de la historia de la humanidad. La Iglesia no estará en la tierra en ese momento porque Jesús ya la habrá llevado al cielo con Él en el Arrebatamiento.

Durante los primeros tres años y medio de la Tribulación, el Anticristo llegará al poder, y el Templo será reconstruido en Israel. Entonces el Anticristo entrará en el Templo, detendrá todos los sacrificios y se proclamará a sí mismo como Dios. La Biblia llama a esto «la abominación desoladora» (Daniel 11:31, RVR1960). Los próximos tres años y medio de la Tribulación serán el momento más severo de la historia de la humanidad. Por eso Jesús dice: «Y si aquellos días no fuesen acortados, nadie sería salvo» (Mateo 24:22, RVR1960). La segunda mitad de la Tribulación es la Gran Tribulación. Pablo describe el mismo evento:

> No se dejen engañar de ninguna manera, porque primero tiene que llegar la rebelión contra Dios y manifestarse el hombre de maldad [el Anticristo], el destructor por naturaleza. Este se opone y se levanta contra todo lo que lleva el nombre de Dios o es objeto de adoración, hasta el punto de adueñarse del templo de Dios y pretender ser Dios. (2.ª de Tesalonicenses 2:3-4, NVI comentario mío).

LA RECONSTRUCCIÓN DEL TEMPLO EN EL MONTE DEL TEMPLO

Como escribí anteriormente, las lunas de sangre de 1949 y 1950 siguieron a la restauración de la Tierra Santa al pueblo judío. Luego, en 1967, la Ciudad Santa de Jerusalén fue restaurada también. Un tercer evento debe ocurrir para que suceda la abominación desoladora: el Templo debe ser reconstruido en Jerusalén. La presencia judía en el Monte del Templo ha aumentado dramáticamente en los últimos años. Pero recientemente ha ocurrido algo que no había ocurrido en casi 2.000 años. Los judíos están ahora orando abiertamente en el Monte del Templo a la vista de la policía y los musulmanes. De acuerdo con *The Jerusalem Post*, aunque no ha habido un cambio oficial en la política del gobierno israelí, los judíos ahora oran allí regularmente. El Rabino Eliyahu Weber es una de las personas que dirigen a los adoradores judíos allí. Dijo que él y sus compañeros oraban deliberadamente dos veces al día, aunque no intentaban provocar una escena.

En el pasado, la policía habría expulsado a los no musulmanes, pero con el tiempo la política ha cambiado en la práctica, aunque no ha habido ninguna modificación oficial. El número de judíos que visitan el Monte del Templo casi se ha triplicado en los últimos cinco años. «La esencia de nuestra presencia en el Monte del Templo muestra que este lugar pertenece al pueblo judío», dijo Weber. «Si no venimos, [parece] que no nos interesa. El Monte del Templo es nuestro, y necesitamos entender la importancia de estar allí».[37]

El objetivo final, sin embargo, es reconstruir el Templo, lo cual admite *The Jerusalem Post*. Esta construcción sin precedentes está más cerca de lo que se piensa. El Instituto del Templo, los Fieles del Monte del Templo y otras organizaciones han comenzado a prepararse para la construcción y están intensificando sus esfuerzos.[38] Lo que está sucediendo en el Monte del Templo es significativo. Es un paso más para cumplir la profecía de la Biblia.

¿Cuál es el significado del Monte del Templo? Algunos judíos creen que es el sitio original del Jardín del Edén, incluyendo aquellos que creen que la ubicación de la Iglesia del Santo Sepulcro es el sitio de entierro de Adán. Con solo treinta y seis acres, este pequeño pedazo de tierra es una de las propiedades más importantes y disputadas del mundo. Si Jerusalén es la línea de frente para el fin de los tiempos, entonces el Monte del Templo es la zona cero para el cumplimiento de la profecía bíblica y será el escenario de la Batalla de Armagedón. El Monte del Templo es también el lugar al que Cristo regresará y la ubicación de su trono durante su reinado del milenio. Así como algunos creen que la historia humana comenzó en este sitio, otros creen que el mundo terminará aquí al final del gobierno de los mil años de Jesús, cuando Satanás dirija a las naciones del mundo en un intento de matar a Jesús de nuevo. El apóstol Juan escribe:

> Cuando se cumplan los mil años, Satanás será liberado de su prisión, y saldrá para engañar a las naciones que están en los cuatro ángulos de la tierra —a Gog y a Magog—, a fin de reunirlas para la batalla. Su número será como el de las arenas del mar (Apocalipsis 20:7-8, NVI).

La Biblia ofrece *cuatro retratos proféticos de redención* relacionados con el Monte del Templo:

1. En el Monte del Templo, *Melquisedec* apareció como un tipo de Cristo.

> Y Melquisedec, rey de Salén y sacerdote del Dios altísimo, le ofreció pan y vino. Luego bendijo a Abram con estas palabras: «¡Que el Dios altísimo, creador del cielo y de la tierra, bendiga a Abram! ¡Bendito sea el Dios altísimo, que entregó en tus manos a tus enemigos!». Entonces Abram le dio el diezmo de todo (Génesis 14:18-20, NVI).

La Biblia no proporciona ninguna genealogía de Melquisedec, lo que significa que era un sacerdote rey sin principio ni fin. Recibió los diezmos de Abraham y le dio la bendición y la paz. El escritor de Hebreos dice:

> Este Melquisedec, rey de Salén y sacerdote del Dios Altísimo, salió al encuentro de Abraham, que regresaba de derrotar a los reyes, y lo bendijo. Abraham, a su vez, le dio la décima parte de todo. El nombre Melquisedec significa, en primer lugar, «rey de justicia» y, además, «rey de Salén», esto es, «rey de paz». No tiene padre ni madre ni genealogía; no tiene comienzo ni fin, pero a semejanza del Hijo de Dios, permanece como sacerdote para siempre. Consideren la grandeza de ese hombre, a quien nada menos que el patriarca Abraham dio la décima parte del botín. (Hebreos 7:1-4, NVI).

El Monte del Templo aparece por primera vez en la Biblia con la llegada de Melquisedec. Este asombroso rey-sacerdote nos revela proféticamente el ministerio venidero de Jesús, *nuestro Rey Eterno y Sumo Sacerdote.*

2. *Abraham ofreció a Isaac* en el Monte del Templo. Otro nombre para el Monte del Templo es el Monte Moriá, que significa «Elegido por *Yahvé*». Génesis lo narra así:

Cuando llegaron al lugar señalado por Dios, Abraham construyó un altar y preparó la leña. Después ató a su hijo Isaac y lo puso sobre el altar, encima de la leña. Entonces tomó el cuchillo para sacrificar a su hijo, pero en ese momento el ángel del Señor le gritó desde el cielo:

—¡Abraham! ¡Abraham!

—Aquí estoy —respondió.

—No pongas tu mano sobre el muchacho, ni le hagas ningún daño —le dijo el ángel—. Ahora sé que temes a Dios, porque ni siquiera te has negado a darme a tu único hijo. (Génesis 22:9-12, NVI).

Este encuentro es otro poderoso retrato profético de Dios Padre ofreciendo voluntariamente a su único Hijo como ofrenda por el pecado de toda la humanidad. Al final Dios provee un carnero, que Abraham devuelve a Dios como su sacrificio. Dios, entonces, es la fuente de toda nuestra provisión, *Jehová Jireh* o el Señor nuestro Proveedor.

3. *El Rey David compró el Monte del Templo* de Ornan para construir un altar. La razón por la que David necesitaba construir el altar era para detener la plaga que Dios había enviado después de que David eligiera hacer un censo del pueblo. David decidió hacer el censo para asegurarse de que tenía suficientes hombres de combate en caso de que se enfrentara a un enemigo.

Hasta ese momento en la vida de David, siempre había confiado en Dios para defenderse, incluso contra el gran gigante, Goliat. David olvidó que Dios era la fuente de su defensa en lugar de soldados o armamentos humanos. El cronista ofrece este relato en 1.ª de Crónicas capítulo 21, NVI:

> Satanás conspiró contra Israel e indujo a David a hacer un censo del pueblo. [Recuerda, este es David, el famoso «vencedor de gigantes».] (v. 1, comentario mío).

> Por lo tanto, el SEÑOR mandó contra Israel una peste, y murieron setenta mil israelitas. Luego envió un ángel a Jerusalén para destruirla. Y al ver el SEÑOR que el ángel la destruía, se arrepintió del castigo y le dijo al ángel destructor: «¡Basta! ¡Detén tu mano!» En ese momento, el ángel del SEÑOR se hallaba junto a la parcela de Ornán el jebuseo. [La parcela de Ornán es el sitio del Monte del Templo.] (vv. 14-15, comentario mío).

> David le dijo:

> —Véndeme una parte de esta parcela para construirle un altar al SEÑOR, a fin de que se detenga la plaga que está afligiendo al pueblo. Véndemela por su verdadero precio.

> Ornán le contestó a David:

> —Su Majestad, yo se la regalo, para que haga usted en ella lo que mejor le parezca. Yo mismo le daré los bueyes para los holocaustos, los trillos para la leña y el trigo para la ofrenda de cereal. Todo se lo regalo.

> Pero el rey David le respondió a Ornán:

—Eso no puede ser. No tomaré lo que es tuyo para dárselo al Señor, ni le ofreceré un holocausto que nada me cueste. Te lo compraré todo por su verdadero precio. (vv. 22-24).

Allí construyó un altar al Señor y le ofreció holocaustos y sacrificios de comunión. Luego oró al Señor, y en respuesta Dios envió fuego del cielo sobre el altar del holocausto.

Entonces el Señor le ordenó al ángel que envainara su espada. (vv. 26-27).

Este capítulo es un retrato profético de la estrategia de Satanás para tentarnos a pecar, lo que trae consigo la destrucción y, en última instancia, la muerte. Sin embargo, Dios hizo la ofrenda de la sangre de Jesús, que retiene la ira de Dios y nos reconcilia con Él para que podamos tener paz con Él.

4. *Dios encargó a Salomón que construyera el Templo* en el Monte del Templo. Luego Salomón lo dedicó al Señor. El cronista escribe,

> El rey Salomón ofreció veintidós mil bueyes y ciento veinte mil ovejas. Así fue como el rey y todo el pueblo dedicaron el templo de Dios (2.ª de Crónicas 7:5, NVI).

Salomón construyó el Templo de acuerdo con las instrucciones y especificaciones del Señor para que coincidiera con el Templo real, que está en el cielo. En dólares de hoy en día este Templo habría costado miles de millones de dólares. Era el lugar donde el pueblo hebreo debía ofrecer un espléndido sacrificio y adoración a Dios. De nuevo, el cronista escribe:

El Señor se le apareció una noche y le dijo: «He escuchado tu oración, y he escogido este templo para que en él se me ofrezcan sacrificios. Cuando yo cierre los cielos para que no llueva, o le ordene a la langosta que devore la tierra, o envíe pestes sobre mi pueblo, si mi pueblo, que lleva mi nombre, se humilla y ora, y me busca y abandona su mala conducta, yo lo escucharé desde el cielo, perdonaré su pecado y restauraré su tierra. Mantendré abiertos mis ojos, y atentos mis oídos a las oraciones que se eleven en este lugar. Desde ahora y para siempre escojo y consagro este templo para habitar en él. Mis ojos y mi corazón siempre estarán allí» (2.ª de Crónicas 7:12-16).

El último versículo de este pasaje tiene un doble significado: Dios ha elegido el Templo y el Monte del Templo como un lugar muy especial en la tierra a lo largo de toda la historia de la humanidad, y sus ojos y su corazón siempre están ahí. Dios está diciendo que tiene una conciencia especial de este lugar, lo que le produce una profunda emoción. Cuando Jesús murió en la cruz, el velo del Templo se rasgó por la mitad de arriba a abajo, y nos convertimos en el Templo del Espíritu Santo. Sus ojos están ahora enfocados en nosotros, y somos su morada eterna. Como pueden ver, el Templo y el Monte del Templo son lugares especiales para que Dios interactúe con la humanidad.

El Monte del Templo también juega un papel crítico para el futuro. De acuerdo con la Biblia, *cuatro eventos proféticos significativos* tendrán lugar en el Monte del Templo, y creo que ocurrirán pronto.

1. *El Templo será reconstruido* en el Monte del Templo. El apóstol Juan pronuncia esta palabra profética:

> Se me dio una caña que servía para medir, y se me ordenó: «Levántate y mide el templo de Dios y el altar, y calcula cuántos pueden adorar allí. Pero no incluyas el atrio exterior del templo; no lo midas, porque ha sido entregado a las naciones paganas, las cuales pisotearán la ciudad santa durante cuarenta y dos meses». (Apocalipsis 11:1-2, NVI).

Según Daniel 9, el Anticristo ejecutará un pacto de siete años con Israel. Tal como lo veo ahora, creo que los términos de este acuerdo darán la mitad del Monte del Templo a los judíos a cambio de la mitad de la ciudad de Jerusalén, que es lo que los palestinos y las Naciones Unidas han estado exigiendo. Este pasaje de la Escritura lo deja muy claro, y el Templo reconstruido también dejará espacio para que la Cúpula de la Roca permanezca.

2. *Los dos testigos* escritos en Apocalipsis 11 ministrarán durante la primera mitad de la Tribulación en el Monte del Templo. Hablaré de ellos con más detalle más tarde, pero creo que estos dos hombres son Enoc y Elías. Dios los enviará como sus emisarios personales para predicar la verdad absoluta de Su Palabra y juzgar a sus enemigos. Serán odiados por casi todo el mundo. Juan escribe:

> Por mi parte, yo encargaré a mis dos testigos que, vestidos de luto, profeticen durante mil doscientos sesenta días». Estos dos testigos son los dos olivos y los dos candelabros que permanecen delante

del Señor de la tierra. Si alguien quiere hacerles daño, ellos lanzan fuego por la boca y consumen a sus enemigos. Así habrá de morir cualquiera que intente hacerles daño. Estos testigos tienen poder para cerrar el cielo a fin de que no llueva mientras estén profetizando; y tienen poder para convertir las aguas en sangre y para azotar la tierra, cuantas veces quieran, con toda clase de plagas. Ahora bien, cuando hayan terminado de dar su testimonio, la bestia que sube del abismo les hará la guerra, los vencerá y los matará. Sus cadáveres quedarán tendidos en la plaza de la gran ciudad, llamada en sentido figurado Sodoma y Egipto, donde también fue crucificado su Señor. Y gente de todo pueblo, tribu, lengua y nación contemplará sus cadáveres por tres días y medio, y no permitirá que se les dé sepultura. Los habitantes de la tierra se alegrarán de su muerte y harán fiesta e intercambiarán regalos, porque estos dos profetas les estaban haciendo la vida imposible. Pasados los tres días y medio, entró en ellos un aliento de vida enviado por Dios, y se pusieron de pie, y quienes los observaban quedaron sobrecogidos de terror. Entonces los dos testigos oyeron una potente voz del cielo que les decía: «Suban acá». Y subieron al cielo en una nube, a la vista de sus enemigos. En ese mismo instante se produjo un violento terremoto y se derrumbó la décima parte de la ciudad. Perecieron siete mil personas, pero los sobrevivientes, llenos de temor, dieron gloria al Dios del cielo (Apocalipsis 11:3-13, NVI).

3. *El Anticristo se proclamará a sí mismo «Dios» allí.* Entrará en el Templo reconstruido tres años y medio en la Tribulación de siete años, y allí blasfemará a Dios. Este evento señalará la Gran Tribulación, que es la segunda mitad de la Tribulación. Daniel

profetizó sobre este evento en Daniel 9, y Jesús habló de ello en Mateo 24. Juan también escribe:

> A la bestia se le permitió hablar con arrogancia y proferir blasfemias contra Dios, y se le confirió autoridad para actuar durante cuarenta y dos meses. Abrió la boca para blasfemar contra Dios, para maldecir su nombre y su morada y a los que viven en el cielo (Apocalipsis 13:5-6, NVI).

4. *Jesús volverá* con nosotros y establecerá su trono milenario en el Templo en el Monte del Templo. El profeta Zacarías escribe sobre este evento:

> Entonces saldrá el SEÑOR y peleará contra aquellas naciones, como cuando pelea en el día de la batalla. En aquel día pondrá el SEÑOR sus pies en el monte de los Olivos, que se encuentra al este de Jerusalén, y el monte de los Olivos se partirá en dos de este a oeste, y formará un gran valle, con una mitad del monte desplazándose al norte y la otra mitad al sur. Ustedes huirán por el valle de mi monte, porque se extenderá hasta Asal. Huirán como huyeron del terremoto en los días de Uzías, rey de Judá. Entonces vendrá el SEÑOR mi Dios, acompañado de todos sus fieles. En aquel día no habrá luz, ni hará frío. Será un día excepcional, que solo el SEÑOR conoce: no tendrá día ni noche, pues, cuando llegue la noche, seguirá alumbrando la luz. En aquel día fluirá agua viva desde Jerusalén, tanto en verano como en invierno. Y una mitad correrá hacia el Mar Muerto, y la otra hacia el mar Mediterráneo. El SEÑOR reinará sobre toda la tierra. En aquel día el SEÑOR será el único Dios, y su nombre será el único nombre. (Zacarías 14:3-9, NVI).

El apóstol Juan escribe entonces este texto paralelo sobre el mismo evento:

> Luego vi el cielo abierto, y apareció un caballo blanco. Su jinete se llama Fiel y Verdadero. Con justicia dicta sentencia y hace la guerra. Sus ojos resplandecen como llamas de fuego, y muchas diademas ciñen su cabeza. Lleva escrito un nombre que nadie conoce sino solo él. Está vestido de un manto teñido en sangre, y su nombre es «el Verbo de Dios». Lo siguen los ejércitos del cielo, montados en caballos blancos y vestidos de lino fino, blanco y limpio. De su boca sale una espada afilada, con la que herirá a las naciones. «Las gobernará con puño de hierro». Él mismo exprime uvas en el lagar del furor del castigo que viene de Dios Todopoderoso. En su manto y sobre el muslo lleva escrito este nombre:
>
> REY DE REYES Y
> SEÑOR DE SEÑORES.
>
> Vi a un ángel que, parado sobre el sol, gritaba a todas las aves que vuelan en medio del cielo: «Vengan, reúnanse para la gran cena de Dios, para que coman carne de reyes, de jefes militares y de magnates; carne de caballos y de sus jinetes; carne de toda clase de gente, libres y esclavos, grandes y pequeños». Entonces vi a la bestia y a los reyes de la tierra con sus ejércitos, reunidos para hacer guerra contra el jinete de aquel caballo y contra su ejército (Apocalipsis 19:11-19, NVI).

Este evento final pone fin a la historia humana tal como la conocemos y da paso al gobierno de mil años de Cristo. La Iglesia, la novia de Cristo, gobernará y reinará con Él durante este tiempo. Jesús gobernará la tierra desde el Monte del Templo.

Les recuerdo de nuevo que el Monte del Templo es el *epicentro* de la historia humana. Y el comienzo de estos eventos se están manifestando ahora mismo. Están en las noticias diarias y continúan intensificándose.

Y es una prueba más de que nuestro Dios está en control y nuestra Biblia dice el futuro por adelantado. Para los creyentes, el futuro no podría ser más brillante. No estaremos aquí para vivir los horribles eventos que ocurrirán durante la Tribulación. Estaremos en la Cena de las Bodas del Cordero con Jesús. Y estaremos a su lado cuando regrese a gobernar la tierra como Rey de reyes y Señor de señores.

JESÚS GOBERNARÁ LA TIERRA DESDE EL MONTE DEL TEMPLO.

LAS SEÑALES ASTRONÓMICAS EN UN PUNTO DE QUIEBRA

4

¿QUÉ NOS DICEN «LAS LUCES»?

Esto es lo que nos dice el Génesis sobre la época en que Dios hizo el sol, la luna y las estrellas cuando creó el universo:

> Y dijo Dios: «¡Que haya luces en el firmamento que separen el día de la noche; **que sirvan como señales de las estaciones,** de los días y de los años, y que brillen en el firmamento para iluminar la tierra!» Y sucedió así. (Génesis 1:14-15, NVI, énfasis añadido).

Este pasaje contiene un concepto muy importante en el idioma hebreo que normalmente no se traduce al español. Cuando Dios dice «que haya luces», la palabra «luces» (*haower*) literalmente significa *«cosas de luz».* La razón por la que esta palabra es tan significativa es que el Dios de Israel quiere que la gente sepa que estas luces son solo «cosas» y no deidades. Él es el único Dios, y las luces son sus instrumentos, usados para sus propósitos. Por lo demás no tienen poder, y ciertamente no son dioses, como pensaba el pueblo pagano que rodeaba a Israel. Como señala este pasaje de las Escrituras, una de las principales razones por las que Dios creó el sol, la luna y las estrellas fue para que sirvan como señales de las estaciones. Son las «cosas» de Dios para decirnos lo que está haciendo. La palabra traducida como «señal» se deriva de la palabra *owth*, que significa «señalar, advertir o dar un presagio». La palabra traducida como «estación» se deriva de la palabra *moed*, que significa «fiesta o estación designada». Así, Dios creó el sol, la luna y las estrellas como señales en el cielo para establecer su reloj de tiempo para las fiestas de Israel y como señales de eventos importantes.

Por ejemplo, Dios usó las estrellas como señal y estación para anunciar el nacimiento de Jesús. Los sabios del este usaron una estrella para guiarlos hacia Él. Curiosamente, estos extranjeros tenían más discernimiento sobre las señales en los cielos que cualquiera de los judíos. Estos viajeros habían estudiado astronomía y entendían cómo Dios habla a través de los cuerpos celestes.

Así como Dios anunció la primera venida de Cristo en los cielos, también anunciará la Segunda Venida. En un capítulo anterior discutí cómo las lunas de sangre predicen los eventos del fin de los tiempos, pero esos no son los únicos signos en los cielos. Jesús mismo habló de la forma en que Dios usaría las señales en los cielos para señalar los eventos del fin de los tiempos. Por ejemplo, en el Evangelio de Lucas, Jesús profetizó su propio regreso:

> Habrá señales en el sol, la luna y las estrellas. En la tierra, las naciones estarán angustiadas y perplejas por el bramido y la agitación del mar. Se desmayarán de terror los hombres, temerosos por lo que va a sucederle al mundo, porque los cuerpos celestes serán sacudidos. Entonces verán al Hijo del hombre venir en una nube

con poder y gran gloria. Cuando comiencen a suceder estas cosas, cobren ánimo y levanten la cabeza, porque se acerca su redención» (Lucas 21:25-28, NVI).

Aparte del regreso de Jesús, cada parte de esa profecía se ha cumplido o está en proceso de cumplirse a medida que las condiciones de la tierra continúan empeorando. También hemos visto señales sorprendentes y milagrosas en el sol, la luna y las estrellas, tal y como Jesús dijo que veríamos justo antes de su regreso.

A lo largo del tiempo, he notado dos problemas importantes en la forma en que los cristianos manejan las profecías bíblicas. Primero, algunos cristianos tienen la tendencia a exagerar los eventos, o incluso inventan nociones proféticas que en realidad no existen. Probablemente has oído de ciertos individuos que establecen fechas muy específicas cuando insisten en que determinados eventos proféticos sucederán. En prácticamente todos los casos en que esto ocurre, se demuestra que están equivocados, y pierden credibilidad. Estoy seguro de las cosas que predico y enseño, pero no soy Dios. Creo que el enfoque más sabio es señalar las señales y evidencias, pero dejar que Dios mida el tiempo y establezca las fechas.

El segundo problema es que algunos cristianos bien intencionados ignoran pruebas claras y señales importantes. No son conscientes de las acciones que Dios está tomando, o descartan las señales y los eventos porque no quieren ser vistos como alarmistas o poco fiables. Debo decirte que creo que ninguno de estos dos extremos es sabio. Recuerda que el pueblo de Dios se perdió la primera venida del Mesías, a pesar de que tenían evidencia directa de las Escrituras y Dios incluso lo anunció en el cielo. Los cristianos que siguen cualquiera de estas dos corrientes de pensamiento pueden ser totalmente fiables en otros asuntos de la Biblia, pero pierden una gran oportunidad de animar a otros creyentes y advertir a los incrédulos. Hago esta declaración porque como dije antes, creo que estamos viviendo en los últimos días antes del regreso de Jesús. No sé exactamente cuándo vendrá, pero veo todas las señales y los síntomas, y quiero que la mayor cantidad de gente esté lo más preparada posible.

Junto con la información que ya he dado sobre las lunas de sangre, me gustaría que supieras sobre dos eventos astronómicos adicionales que creo que tienen un gran significado para el final de los tiempos. No nos dicen exactamente cuándo regresará Jesús, pero nos acercan mucho más de lo que estaríamos si los ignoráramos.

LOS ECLIPSES SUPERPUESTOS

En 2017 Estados Unidos experimentó dos grandes eventos naturales en una sola semana. El lunes 21 de agosto, un eclipse total de sol cruzó los EE. UU. en una banda que abarcó toda la nación contigua, pasando del Pacífico a la costa Atlántica. Este fenómeno astrológico no había ocurrido en 99 años, aunque volverá a ocurrir el 8 de abril de 2024. Cuando ese evento ocurra, el eclipse marcará una «X» sobre los EE. UU. Históricamente, la tradición judía considera los eclipses solares como advertencias al mundo y los eclipses lunares como advertencias a Israel. En consecuencia, los judíos han mantenido tanto un calendario lunar como uno solar. Dada esa tradición, ¿son estos dos eclipses superpuestos una advertencia para el mundo? Creo que muy bien podrían serlo.

DIOS CREÓ EL SOL, LA LUNA
Y LAS ESTRELLAS COMO
SEÑALES EN EL CIELO PARA
ESTABLECER SU RELOJ DE
TIEMPO PARA LAS FIESTAS DE
ISRAEL Y COMO SEÑALES DE
EVENTOS IMPORTANTES.

Déjame llevarte al año 1918. El último eclipse continental completo de este tipo ocurrió el 8 de junio de ese año. Como verás, la mayoría de los eclipses caen directamente sobre el agua u otras áreas despobladas. La Primera Guerra Mundial comenzó el 28 de julio de 1914, pero Estados Unidos recientemente se había unido al conflicto al declarar la guerra a Alemania el 6 de abril de 1917. Un gran número de soldados de las Fuerzas Expedicionarias Americanas en el frente occidental bajo el mando del General John Joseph «Black Jack» Pershing llegaron a Francia muy temprano en el verano de 1918. Entonces el eclipse ocurrió el 8 de junio y atravesó todo el territorio continental de EE. UU.

En el otoño de 1918, los estadounidenses habían acercado a los aliados a la victoria, pero la lucha continuó. Los soldados se refugiaron en las trincheras en medio de condiciones deplorables. Como si esto no fuera suficiente, una epidemia que parecía ser el resfriado común comenzó a extenderse por Europa. Sin embargo, era mucho más que un resfriado. En un lapso de dos años, la gripe española infectó a una de cada cinco personas en el mundo. Fue más mortal para las personas entre veinte y cuarenta años, la edad de los combatientes. Llegó a todo el mundo, infectando finalmente al veintiocho por ciento de los estadounidenses. Al final de la epidemia, aproximadamente 675.000 personas murieron de gripe en los Estados Unidos. Mientras la guerra se libraba en Europa, la mitad de los soldados murieron por la gripe en lugar de por el combate enemigo. La gripe derribó a 43.000 militares estadounidenses. En retrospectiva, la gripe fue el mayor factor de la guerra y aceleró su final. De hecho, mató a más personas que la guerra misma, hasta cuarenta millones. Los epidemiólogos han especulado sobre los orígenes del brote sin éxito.[39] ¿El eclipse de 1918 fue una señal de las cosas que iban a venir? Personalmente, creo que lo fue.

Antes de 1918, la última vez que un eclipse solar abarcó todo EE. UU. fue el 30 de noviembre de 1776.[40] Si eres estadounidense, no necesito recordarte la importancia de ese año. El eclipse de 2017 fue la primera vez que la mayoría de los estadounidenses vivos, excepto los que estaban cerca de los 100 años o más, fueron testigos de un eclipse continental. Fue el eclipse más visto en la historia de la humanidad. Llegó por primera vez a tierra en Estados Unidos continental cerca de la ciudad de Salem, Oregón, exactamente a la hora del atardecer en Jerusalén. Así que técnicamente, a medida que el sol desaparecía en América, también se ponía en Jerusalén.[41] Salem es también el nombre del lugar donde Abraham se encontró con Melquisedec y el sitio actual de la ciudad de Jerusalén. El nombre Jerusalén proviene de la combinación del prefijo *jeru-* («ciudad de») y el sustantivo *salem* («paz»).

El 25 de agosto de 2017, solo cinco días después del eclipse, el huracán Harvey tocó tierra en la costa de Texas, cerca de Rockport y Port Aransas, lo que viene de la frase vasca, *Aranza zu*, basada en una frase dicha por un pastor en 1740. Según la leyenda, la Virgen María se apareció en una visión mientras el pastor cuidaba de las ovejas en el campo. El pastor dijo, «*Aranzan zu*», que significa «estás sentada entre espinas». Esta visión se conoció como «La Señora de Aranzazu» o «Nuestra Señora de la Espina».[42] De hecho, toda la costa del Golfo estaba «sentada entre espinas», ya que las catastróficas inundaciones pronto superaron a muchas ciudades costeras.

Sin embargo, Port Aransas no estaba en las predicciones originales del Servicio Meteorológico Nacional. En su lugar, Corpus Christi, Texas, parecía estar en el camino directo de Harvey. Cuando finalmente tocó tierra a las 10 p. m. del 25, el huracán no había llegado a la ciudad. *Corpus Christi* se deriva de un término latino que significa «cuerpo de Cristo». ¿Fue esto una señal? Creo que podría serlo. La ira de Dios vendrá en su plenitud durante la Gran Tribulación, pero el cuerpo de Cristo, la Iglesia, se perderá el terror venidero de la misma manera que Noé y Lot escaparon de la ira de Dios y de la destrucción que estaba por venir. Los creyentes serán arrebatados en el Arrebatamiento. Durante la Tribulación, se casarán con Jesús y harán un festín con él en la Cena de las Bodas del Cordero. Aquellos que permanezcan en la tierra estarán sentados en las espinas.

El próximo eclipse de sol cruzará el territorio continental de los Estados Unidos apenas siete años después del evento de 2017, el 8 de abril de 2024. Su punto de cruce marcará una «X» sobre EE. UU. El tiempo combinado para el eclipse total será de siete minutos. El punto exacto del cruce será en el pequeño pueblo de Makanda, Illinois, en la carretera de Salem—*otra vez* Salem. Esta zona del sur de Illinois fue una vez llamada «Pequeño Egipto». El pequeño pueblo de Makanda es conocido por el apodo de «Estrella de Egipto». Por cierto, este también fue el trayecto que cruzó el Eclipse de 2017. La Estrella de Egipto tuvo una larga historia en la mitología egipcia y ha sido identificada como la estrella Sirio. A lo largo de la historia cristiana, Sirio ha sido a menudo identificada como la estrella que los sabios observaron en sus viajes para ver al Rey Jesús recién nacido en Belén.[43] Esta conexión es, por supuesto, especulativa. ¿Pero no es interesante que la Estrella de Egipto pueda haber anunciado la primera venida del Mesías, y que el eclipse de 2024 cruce directamente sobre la «Estrella de Egipto»?

Tal vez todas estas conexiones son meras coincidencias, pero ¿cuántas coincidencias significan que algo está sucediendo como nunca antes ha sucedido? Los eclipses raramente se cruzan en el mismo lugar exacto, excepto uno en el 2024. Justo antes de la totalidad del eclipse, el sol se verá como un anillo de bodas de diamantes en el cielo. No sé si estos eventos anuncian la Segunda Venida del Señor, pero estoy prestando mucha atención.

LA SEÑAL DE APOCALIPSIS 12

Debo decirte, antes de abordar el próximo signo astronómico, que creo que este es *el segundo evento más significativo* relacionado con el fin de los tiempos que haya vivido. Como dije antes, considero que el hecho de que Jerusalén cayera bajo el control judío en 1967 es el evento más significativo. En 2017 se produjo un signo astronómico. Este no es un evento común. Aunque varias partes de este evento astronómico han ocurrido en la historia que se ha registrado, nunca han ocurrido *todas* al mismo tiempo. Aquí está la descripción de este signo del fin de los tiempos en el Apocalipsis:

> **Apareció en el cielo una señal maravillosa: una mujer revestida del sol, con la luna debajo de sus pies y con una corona de doce estrellas en la cabeza.** Estaba encinta y gritaba por los dolores y angustias del parto. Y apareció en el cielo otra señal: un enorme dragón de color rojo encendido que tenía siete cabezas y diez cuernos, y una diadema en cada cabeza. Con la cola arrastró la tercera parte de las estrellas del cielo y las arrojó sobre la tierra. Cuando la mujer estaba a punto de dar a luz, el dragón se plantó delante de ella para devorar a su hijo tan pronto como naciera. Ella dio a luz un hijo varón que «gobernará a todas las naciones con puño de hierro». Pero su hijo fue arrebatado y llevado hasta Dios, que está en su trono. Y la mujer huyó al desierto, a un lugar que Dios le había preparado para que allí la sustentaran durante mil doscientos sesenta días (Apocalipsis 12:1-6, NVI, énfasis añadido).

El 23 de septiembre de 2017, visto más claramente desde la ciudad de Jerusalén, la constelación de Leo se posicionó directamente sobre la cabeza de la constelación de Virgo, «la virgen». (Este evento puede ser visto a través del *software* astronómico de código abierto Stellarium en www.stellarium.org o buscar «La Gran Señal de Apocalipsis 12» en YouTube). Este evento coincidió con los días sagrados de Rosh Hoshaná, también conocido como la Fiesta de las Trompetas. La constelación de Leo está delineada por nueve estrellas brillantes, aunque contiene muchas estrellas. Los planetas Mercurio, Venus y Marte se unieron a estas estrellas más brillantes para hacer la aparición de una corona de 12 joyas en la cabeza de Virgo. Virgo estaba *«revestida del sol»* mientras el sol estaba en su hombro. La luna también estaba debajo de ella, *«debajo de sus pies»*.

«Estaba encinta y gritaba por los dolores y angustias del parto». El planeta Júpiter toma su nombre del rey de los dioses romanos, que es el mismo personaje que el dios griego Zeus. Conocido como «el rey de los planetas», Júpiter es a menudo asociado por los judíos con el Mesías. El planeta entró en el «vientre» de la constelación el 20 de noviembre de 2016, y retrocedió en su trayectoria de febrero a julio de 2017. Salió del «útero» el 9 de septiembre de 2017, lo que significa que Júpiter pasó cuarenta y una semanas dentro de Virgo, que es aproximadamente la duración de una gestación humana normal. Júpiter salió por el extremo este de Virgo, como si saliera de entre sus pies. Antes del retroceso de Júpiter, el cometa Borisov, que ha sido llamado «el cometa de la Concepción», viajó desde los «lomos» de la constelación de Leo y entró en el «vientre» de la constelación de Virgo el 17 de noviembre de 2016. Este fue el único viaje del cometa Borisov que hará a través de nuestro sistema solar porque su órbita no es solar. Júpiter no solo ha sido llamado «el rey de los planetas», sino que también es el

más grande, «gobernando a todos los demás». «*Ella dio a luz un hijo varón que «gobernará a todas las naciones con puño de hierro».*

«Y apareció en el cielo otra señal: un enorme dragón de color rojo encendido que tenía siete cabezas y diez cuernos, y una diadema en cada cabeza. Con la cola arrastró la tercera parte de las estrellas del cielo y las arrojó sobre la tierra. Cuando la mujer estaba a punto de dar a luz, el dragón se plantó delante de ella para devorar a su hijo tan pronto como naciera». ¿Dónde estaba entonces el «enorme dragón de color rojo encendido»? Durante este evento un objeto ardiente apareció entre las piernas de la constelación de Virgo mientras «estaba a punto de dar a luz» a Júpiter. Este incidente fue visto por varios observadores y registrado por sitios web de observación del cielo. Sin embargo, fue rápidamente redactado por Google y la NASA. ¿Por qué ocurrió esto? Alguien tiene ne la respuesta, pero su desaparición es una causa razonable de especulación.[44]

Tan pronto como la mujer del capítulo 12 del Apocalipsis da a luz, Satanás y sus ángeles son expulsados del cielo. Dios no permitirá que Satanás «arruine» la Cena de las Bodas del Cordero. Entonces en Apocalipsis capítulo 13, el Anticristo se levanta del mar y comienza su gobierno tiránico. En Apocalipsis capítulo 14, Dios comisiona a 144.000 judíos para que prediquen el evangelio al mundo. Así que, el capítulo 12 de Apocalipsis da inicio a una serie de eventos que finalmente darán lugar al gobierno milenario de Cristo.

MANTÉN TUS OJOS EN LAS ESTRELLAS

Voy a cerrar este capítulo citando a alguien que no era un erudito de la Biblia o un teólogo en absoluto, pero su dicho es cierto. Cuando era un adolescente mayor, Casey Kasem, junto con Don Bustany, Tom Rounds y Ron Jacobs, crearon un programa semanal de música radiofónica de cuenta regresiva llamado «American Top 40». Los adolescentes en todo Estados Unidos escuchaban ansiosamente durante varias horas a Kasem para revelar la canción número uno de la semana. Durante los siguientes treinta y nueve años hasta su retiro, Kasem terminaba cada programa que presentaba con el mismo sabio consejo: «¡Mantén tus ojos en las estrellas y tus pies en el suelo!». Yo no soy Casey Kasem, y él no era pastor, pero te doy un consejo muy similar: «Vigila las señales en los cielos, pero con los pies firmes sobre la tierra».

Manténte alerta a las señales, pero recuerda que las señales no son eventos en sí mismos, sino que apuntan a eventos futuros. Los dos eventos que he descrito en este capítulo son algunos de los más sorprendentes de mi vida. Creo que señalaron a los cristianos cosas que sucederán en un futuro muy cercano relacionadas con la Iglesia, Israel y el resto del mundo. Ninguna de estas señales da el cuadro completo, pero cuando las tomamos en conjunto, nos acercan para ver lo que Dios está haciendo.

LA VERDAD EN UN PUNTO DE QUIEBRA

5

LA VERDAD EN
TERAPIA INTENSIVA

A menos que hayas estado viviendo en una cueva, el bosque o en algún otro lugar alejado de la civilización, te has dado cuenta de los cambios morales que están tomando lugar en nuestra nación. Estamos experimentando un dramático alejamiento de los valores tradicionales y la moralidad bíblica. Este estado actual de cosas no debería sorprenderte. Sin embargo, lo que puede ser noticia para ti es que la Biblia profetiza sobre esta situación contemporánea y nos dice que es una de las principales señales del fin de los tiempos.

En el libro de 1.ª de Tesalonicenses, el apóstol Pablo habla sobre el regreso de Cristo en cada capítulo. En el cuarto capítulo, da la descripción más clara de la Biblia acerca del Arrebatamiento de la Iglesia. La Biblia no usa específicamente la palabra «rapto», pero contiene el concepto. Rapto viene de la palabra latina *rapturo,* que significa «agarrar rápidamente; arrebatar». La palabra griega de la que obtenemos el concepto de rapto es *harpazo,* y se encuentra en la primera carta de Pablo a los Tesalonicenses. El rapto será cuando Jesús regrese, y los creyentes que estén vivos serán llevados con Él. Este grupo de personas nunca morirá, lo que significa que, si estás vivo y salvo cuando Jesús venga, no verás la muerte.

Antes de la generación actual, todas las personas que vivieron eventualmente murieron, con solo dos excepciones: Enoc y Elías. Los mencioné antes y hablaré de estos dos hombres bíblicos más tarde, pero aparte de ellos, todos murieron. Sin embargo, habrá otro grupo de personas que no experimentará la muerte: los que son creyentes en la tierra cuando Jesús regrese. Quiero estar entre esas personas que serán atrapadas por Jesús y ser llevado directamente al cielo. No quiero tener que ir a la tumba para llegar allí, y la Biblia dice que algunos de nosotros no tendremos que hacerlo.

Pablo describe el momento en que Jesús regresa para arrebatar a su Iglesia:

Conforme a lo dicho por el Señor, afirmamos que nosotros, los que estemos vivos y hayamos quedado hasta la venida del Señor, de ninguna manera nos adelantaremos a los que hayan muerto. El Señor mismo descenderá del cielo con voz de mando, con voz de arcángel y con trompeta de Dios, y los muertos en Cristo resucitarán primero. **Luego los que estemos vivos, los que hayamos quedado, seremos arrebatados junto con ellos en las nubes para encontrarnos con el Señor en el aire.** Y así estaremos con el Señor para siempre. Por lo tanto, anímense unos a otros con estas palabras (1.ª de Tesalonicenses 4:15-18, NVI, énfasis añadido).

En un instante los creyentes irán de la tierra directamente a la presencia de Jesús en los cielos. Así es como ocurrirá el Arrebatamiento, y creo que puede llegar en cualquier momento. Es uno de los próximos grandes eventos proféticos que ocurrirán en el mundo.

Puede que pienses que las palabras de Pablo a los Tesalonicenses les habrían reconfortado, pero en realidad eso molestó a mucha gente de esa iglesia local. ¿Cómo sabemos esto? Porque después de escribir la primera carta, circulaba el rumor de que el Arrebatamiento ya había llegado y que Jesús había dejado atrás a los Tesalonicenses. Puedes imaginarte lo mucho que eso les molestaría. ¿Y si Jesús vino y no te eligió para ir con Él? Es un pensamiento perturbador, ¿verdad? Pablo sabía que era necesario escribir otra carta, así que escribió su segunda carta a los Tesalonicenses y la envió solo unas semanas después de la primera.

TRES ESCENAS DEL FINAL DE LOS TIEMPOS

En 2.ª de Tesalonicenses, Pablo ofrece consuelo a los creyentes de la iglesia de Tesalónica. Les dice: «Déjenme ser claro: Jesús no ha venido todavía, ni ustedes han sido dejados atrás». Pablo provee una perspectiva clara y panorámica de cómo el mundo se verá a la vuelta de Cristo. Considera tres escenas distintas del final de los tiempos que Pablo describe en 2.ª de Tesalonicenses 2.

Escena 1: La gran rebelión y la llegada del Anticristo

En la primera escena de Pablo la gente está en rebelión directa contra Dios. El «hombre de pecado o maldad», el Anticristo, aparece, y está listo para liderar el mundo. Creo que esta escena está sucediendo incluso mientras escribo estas palabras. Esto es lo que dice Pablo:

> Ahora, amados hermanos, aclaremos algunos aspectos sobre la venida de nuestro Señor Jesucristo y cómo seremos reunidos para encontrarnos con él. No se dejen perturbar ni se alarmen tan fácilmente por los que dicen que el día del Señor ya ha comenzado. No les crean, ni siquiera si afirman haber tenido una visión espiritual, una revelación o haber recibido una carta supuestamente de nosotros. No se dejen engañar por lo que dicen. Pues aquel día [Pablo se refiere al regreso de Jesús] *no vendrá hasta* que haya una gran rebelión contra Dios [La palabra griega usada por Pablo es *apostasia*] y se dé a conocer el hombre de anarquía, aquel que trae destrucción. Se exaltará a sí mismo y se opondrá a todo lo que la gente llame «dios» y a cada objeto de culto. Incluso se sentará en el templo de Dios y afirmará que él mismo es Dios (2.ª de Tesalonicenses 2:1-4, NTV, comentario mío).

Una vez más Pablo recuerda a los Tesalonicenses que la Segunda Venida de Cristo aún no ha ocurrido. Luego les dice que Jesús no regresará hasta que haya una gran rebelión mundial contra la verdad. Esta apostasía será un rechazo generalizado del cristianismo bíblico, incluyendo tanto la teología como la moralidad.

El título «anticristo» no se usa a menudo en las Escrituras. De hecho, solo el apóstol Juan lo usa como título para una persona. Sin embargo, la Biblia usa muchos nombres para describir al Anticristo; algunos estudiosos de la Biblia han enumerado hasta treinta y ocho nombres. Algunos de estos nombres pueden referirse directamente a Satanás o a otra figura histórica bajo la influencia del diablo, pero hay buenas razones para creer que muchos o todos ellos se refieren al Anticristo:

- El hombre de la tierra (Salmo 10:18)

- El hombre poderoso (Salmo 52:1)

- El adversario (Salmo 74:10)

- El rey de Asiria (Isaías 10:12)

- El cuerno pequeño (Daniel 7:8)

- El príncipe que ha de venir (Daniel 9:26)

- Una persona vil (Daniel 11:21)

- El rey (Daniel 11:36)

- El pastor inútil (Zacarías 11:16-17)

- El hombre de pecado, el hijo de perdición (2.ª de Tesalonicenses 2:3-4)

- La bestia (Apocalipsis 11:7)

---- • ----

SI ESTÁS VIVO Y SALVO CUANDO
VENGA JESÚS, ENTONCES
NO VERÁS LA MUERTE.

Esta es una larga lista, pero no está completa. Sin embargo, como puedes ver, el concepto y la persona del Anticristo prevalece a lo largo de la Biblia. En todos los casos estos títulos tienen un tema común: *la decepción*. Si yo dijera que un hombre es «anti», ¿qué implicaría eso? Puede significar que está en contra u opuesto de algo. Pero también puede significar que reemplaza algo o se ofrece a sí mismo en lugar de ello. En el caso del Anticristo, se presentará al mundo como la alternativa a Cristo, y a través de su engaño, muchos creerán y le seguirán.

En 2.ª de Tesalonicenses 2:8 (RVR1960) Pablo llama al Anticristo «el inicuo», lo que concuerda con los muchos otros nombres bíblicos para este individuo. La palabra griega que Pablo usa y que se traduce como «sin ley» es la palabra *anomia*. La palabra se usa 13 veces en el Nuevo Testamento. Describe la condición de estar sin la ley. A veces la palabra se usa para describir a alguien que ignora la ley, pero normalmente describe a alguien que la viola voluntariamente. En este versículo, Pablo describe a alguien que se opone a la ley de Dios a sabiendas e intencionalmente, o a alguien que se opone a la Palabra de Dios como la conocemos en la Biblia. Como consecuencia, esta persona desobedece directamente a Dios y a la Palabra, que es Jesucristo (Juan 1).

Muchas personas serán anticristos con una «a» minúscula, pero solo uno será el anticristo con una «A» mayúscula. Todos se opondrán a Cristo de una forma u otra, pero este hombre se opondrá diametralmente a Dios y a su Hijo, Jesucristo. De hecho, podríamos decir que será Satanás encarnado. Será antitético a la Palabra de Dios. El Anticristo le dirá a la gente que es «Dios» encarnado y se ofrecerá a sí mismo como el reemplazo de Jesucristo, pero en realidad será Satanás encarnado y un falso mesías. Todo lo que hará será en asociación con el mismo Satanás, incluyendo presentarse en el Monte del Templo de Jerusalén.

Creo que estamos viendo el mundo ahora mismo moviéndose rápidamente hacia el día en que el Anticristo se dará a conocer. Satanás nunca ganará, pero siempre está trabajando contra Dios. Tiene una estrategia para derramar su engaño y así preparar al mundo para una rebelión total contra Dios. Él está preparando el camino para el Anticristo, al igual que Juan el Bautista preparó el camino para Jesús predicando el arrepentimiento. Satanás está haciendo lo contrario, engañando a la gente con la idea de que el pecado no es real y que no hay necesidad de temer a Dios. Tal como está hoy, su estrategia ha tenido un gran éxito. Aquí hay un texto importante del libro de los Salmos que habla de una rebelión mundial contra Dios al final de los tiempos:

> ¿Por qué están tan enojadas las naciones?
> ¿Por qué pierden el tiempo en planes inútiles?
> Los reyes de la tierra se preparan para la batalla,
> los gobernantes conspiran juntos
> en contra del Señor y en contra de su ungido.
> «¡Rompamos las cadenas! —gritan—,
> ¡y liberémonos de ser esclavos de Dios!».

Pero el que gobierna en el cielo se ríe;

el Señor se burla de ellos.

Después los reprende con enojo;

los aterroriza con su intensa furia.

Pues el Señor declara:

«He puesto a mi rey elegido en el trono

de Jerusalén, en mi monte santo».

El rey proclama el decreto del SEÑOR:

«El SEÑOR me dijo: "Tú eres mi hijo.

Hoy he llegado a ser tu Padre.

Tan solo pídelo, y te daré como herencia las naciones,

toda la tierra como posesión tuya.

Las quebrarás con vara de hierro

y las harás pedazos como si fueran ollas de barro"».

Ahora bien, ustedes reyes, ¡actúen con sabiduría!

¡Quedan advertidos, ustedes gobernantes de la tierra!

Sirvan al SEÑOR con temor reverente

y alégrense con temblor.

Sométanse al hijo de Dios, no sea que se enoje

y sean destruidos en plena actividad,

porque su ira se enciende en un instante.

¡Pero qué alegría para todos los que se refugian en él!

(Salmo 2:1-12, NTV).

Mientras la gente del mundo se enfurece contra Dios y se burla del Señorío de Jesucristo, Dios se ríe de ellos. Les declara que su Hijo heredará la tierra y reinará desde el Monte del Templo de Jerusalén, el Monte de Sión. Jesús tendrá en su mano una vara de hierro y gobernará durante un milenio. Dios está advirtiendo a la gente y a los gobernantes del mundo que deben servir al Hijo (someterse a su gobierno), o los visitará con su enojo.

El apóstol Juan escribe sobre este derramamiento de ira:

Mientras yo miraba, el Cordero rompió el sexto sello, y hubo un gran terremoto. El sol se volvió tan oscuro como tela negra, y la luna se volvió tan roja como la sangre. Entonces las estrellas del cielo cayeron sobre la tierra como los higos verdes que caen de un árbol cuando es sacudido por el fuerte viento. El cielo fue enrollado como un pergamino, y todas las montañas y las islas fueron movidas de su lugar. Entonces todo el mundo —los reyes de la tierra, los gobernantes, los generales, los ricos, los poderosos, todo esclavo y hombre libre— se escondió en las cuevas y entre las rocas de las montañas. Y gritaban a las montañas y a las rocas: «Caigan sobre nosotros y escóndannos del rostro de aquel que se sienta en el trono, y de la ira del Cordero; porque ha llegado el gran día de su ira, ¿y quién podrá sobrevivir?» (Apocalipsis 6:12-17, NTV).

Como escribo repetidamente en este libro, los creyentes no estarán aquí para este evento porque justo antes de que el Anticristo entre en escena, Jesús vendrá y arrebatará a Su Novia, la Iglesia. Sin embargo, antes de que Jesús venga, la anarquía crecerá más y más hasta que el tiempo esté maduro para que Jesús regrese y el «inicuo» entonces entrará en escena. Llevará al mundo a burlarse de Dios, a rebelarse contra Él y a desafiarlo con arrogancia. Creo que este tiempo está muy cerca.

Una de las razones por las que digo que el final está tan cerca es por la condición moral y espiritual de nuestra sociedad actual.

Cuando estaba creciendo, el mundo era muy diferente a lo que mis nietos están experimentando ahora. En mi escuela pública comenzábamos cada día orando en el nombre de Jesús, y los Diez Mandamientos estaban enmarcados en las paredes de nuestras aulas. De hecho, estas cosas sucedieron en casi todas las escuelas públicas de EE. UU. en ese momento. Algunos de mis lectores podrán atestiguar sobre estos hechos. La mayoría de nosotros simplemente asumimos que nuestros vecinos eran cristianos, aunque hayan asistido a diferentes iglesias. Nuestros maestros casi siempre eran cristianos. Era ese tipo de mundo.

El 25 de junio de 1962, la Corte Suprema de Estados Unidos decidió en el caso *Engel c. Vitale* que una oración aprobada por la Junta de Regentes de Nueva York, para su uso en las escuelas, violaba la Primera Enmienda y constituía el establecimiento de una religión.[45] Al año siguiente, el Tribunal desautorizó las lecturas bíblicas diarias en el caso de *Abington School District v. Schempp* siguiendo un razonamiento similar.[46] Estas dos decisiones históricas marcaron el comienzo de una nueva «normalidad» en la vida pública americana y cambiaron la cara de nuestra sociedad. En 1980, pocos expertos jurídicos se sorprendieron del caso *Stone v. Graham*, en el cual el Tribunal dictaminó que una ley de Kentucky que exigía la publicación de los Diez Mandamientos en la pared de todas las aulas de las escuelas públicas también se consideraba una violación de la Primera Enmienda.[47] Lo que puede haber parecido insignificante para los observadores ocasionales se convirtió rápidamente en un rechazo total de la moralidad bíblica dentro de nuestra sociedad. Vivimos en una cultura posmoderna, poscristiana y posbíblica. Pero no se ha detenido ahí. La autoridad de las Escrituras está bajo ataque, incluso desde el interior de muchas iglesias. Poco a poco, las fuerzas culturales se unieron en un ataque total a todo lo que la Biblia enseña.

Mucha gente afirma cada vez más que la Biblia contiene «discurso de odio». El ateísmo aumenta cada año. En los últimos años, un nuevo estatus religioso ha crecido significativamente en EE. UU., compuesto por personas que marcan «ninguna» en las encuestas que preguntan por la afiliación religiosa. Una encuesta Harris de 2013 encontró que el veintitrés por ciento de todos los estadounidenses han abandonado la religión por completo, lo cual fue un aumento dramático con respecto a una encuesta de 2007 que encontró solo el doce por ciento de los estadounidenses que hicieron la misma afirmación.[48] Los resultados son aún más altos para las generaciones más jóvenes. Una encuesta del Pew Research Center de 2015 encontró que entre el treinta y cuatro y el treinta y seis por ciento de los milenios no afirman tener ninguna afiliación religiosa.[49] En números brutos, 55.8 millones de ciudadanos estadounidenses no ven ningún propósito para la religión en sus vidas.[50] Los porcentajes a nivel mundial son aún más crudos. Mientras que el setenta y un por ciento de los estadounidenses todavía se declaran cristianos, el número se está reduciendo.[51] Lo que hemos visto en el mundo en las últimas dos décadas es el resultado de una deriva que comenzó hace unos 50 años, y está tomando fuerza. Estamos siendo testigos de un cambio mundial hacia la apostasía y un rechazo de la moralidad judía y cristiana basada en la Biblia. En tiempos pasados el ateísmo y el agnosticismo se escondían en las sombras; hoy, están descaradamente al descubierto.

Aún más impactante, estamos siendo testigos de un deslizamiento similar en la Iglesia, pero no debemos ser tomados completamente por sorpresa. Jesús profetizó que estas circunstancias sucederían. Les dijo a sus discípulos que antes de su regreso, la mitad de la Iglesia se convertiría en una iglesia falsa. En Mateo 24:3 (NVI), los discípulos se acercaron a Jesús y le preguntaron:

—¿Cuándo *sucederá* eso, y cuál será la señal de tu venida y del fin del mundo?

—Tengan cuidado de que nadie los engañe —les advirtió Jesús— (v. 4).

Luego les dio una descripción gráfica que retrata las circunstancias actuales de nuestro mundo, el mundo del fin.

A continuación, en Mateo capítulo 25, Jesús les contó dos parábolas y una historia real sobre su regreso y cómo sus seguidores deben prepararse para ello. La primera parábola es sobre diez vírgenes. Es en esta parábola que Jesús profetizó sobre el alejamiento de la mitad de la Iglesia:

«El reino de los cielos será entonces como diez jóvenes solteras que tomaron sus lámparas y salieron a recibir al novio. Cinco de ellas eran insensatas y cinco prudentes. Las insensatas llevaron sus lámparas, pero no se abastecieron de aceite. En cambio, las prudentes llevaron vasijas de aceite junto con sus lámparas. Y, como el novio tardaba en llegar, a todas les dio sueño y se durmieron. A medianoche se oyó un grito: "¡Ahí viene el novio! ¡Salgan a recibirlo!" Entonces todas las jóvenes se despertaron y se pusieron a preparar sus lámparas. Las insensatas dijeron a las prudentes: "Dennos un poco de su aceite porque nuestras lámparas se están apagando". "No —respondieron estas—, porque así no va a alcanzar ni para nosotras ni para ustedes. Es mejor que vayan a los que venden aceite, y compren para ustedes mismas". Pero mientras iban a comprar el aceite llegó el novio, y las jóvenes que estaban preparadas entraron con él al banquete de bodas. Y se cerró la puerta. Después llegaron también las otras. "¡Señor! ¡Señor! —suplicaban—. ¡Ábrenos la puerta!"

"¡No, no las conozco!", respondió él.

»Por tanto —agregó Jesús—, manténganse despiertos porque no saben ni el día ni la hora» (Mateo 25:1-13, NVI).

Fíjate que Jesús no dijo que no sabríamos la temporada en absoluto. No dijo que no conoceríamos las señales de los tiempos. Simplemente dijo: «No sabrán ni el día ni la hora». Hay diez vírgenes y un novio en esta parábola. El novio representa a Jesús, y las diez vírgenes son un símbolo de la Iglesia en el mundo. Jesús dice efectivamente: «Cuando yo venga, solo la mitad de la Iglesia estará preparada para mi regreso. Estos creyentes tendrán sus lámparas arregladas».

Los barcos en el mar solían tener ciertos marineros asignados al cuidado de las lámparas abordo. Las lámparas de aceite eran su trabajo a tiempo completo. Cuando las lámparas son la única fuente de luz de un barco por la noche, mantenerlas en funcionamiento es crítico. Las cinco vírgenes sabias han estado manteniendo sus lámparas, y estarán listas cuando el novio regrese. Sin embargo, la otra mitad de la Iglesia será sorprendida con la guardia baja. No verán ni reconocerán al Señor cuando regrese. Jesús está diciendo que la mitad de las personas que se identifican como sus seguidores ni siquiera lo conocerán cuando Él regrese.

¿Sabías que esta situación está ocurriendo ante nuestros ojos en la Iglesia? Si sigues las noticias sobre las iglesias en EE. UU., verás que muchos han rechazado abiertamente las claras enseñanzas de la Biblia. Denominaciones enteras se han convertido «proelección» (a favor del aborto) y ahora canalizan importantes fondos a los proveedores de aborto. El 26 de junio de 2015, la Corte Suprema de EE. UU. sostuvo en el caso *Obergefell v. Hodges* que todos los estados deben conceder el matrimonio a las personas del mismo sexo y también reconocer los matrimonios entre personas del mismo sexo concedidos por otros estados.[52] Esta decisión se tomó después de prolongados esfuerzos de las organizaciones de derechos de los homosexuales para recibir el reconocimiento legal de los matrimonios entre personas del mismo sexo. Aunque muchos grupos cristianos lucharon contra estos esfuerzos durante años, la realidad de la decisión se hizo sentir rápidamente. Sin embargo, el Tribunal no obligó ni puede obligar a las iglesias a reconocer o realizar estos matrimonios.

Aún así, un número creciente de congregaciones han ordenado a homosexuales practicantes, y algunos grupos han elegido a los homosexuales practicantes como sus principales líderes denominacionales. Varias denominaciones promueven activamente las bodas y matrimonios entre personas del mismo sexo. Este asunto está dividiendo a las congregaciones y denominaciones americanas justo en el medio.

Muchas iglesias ya no creen en la inerrancia o la autoridad de las Escrituras. Multitudes de esas mismas iglesias ya no creen en un verdadero infierno o en el diablo. Considera esto: si la Biblia nos está mintiendo sobre el infierno, ¿por qué cree que nos dice la verdad sobre el cielo? Si una cosa de la Palabra de Dios está equivocada, ¿cómo podemos confiar en lo que dice? ¿Se da cuenta de que Jesús enseñó más sobre el infierno que sobre el cielo? ¿Creemos que Jesús es un mentiroso? ¿Sabría Él, de todas las personas, de qué está hablando? Algunas iglesias ya no creen en lo que Jesús enseñó, pero les estoy proclamando ahora mismo: *el diablo es real, y hay un verdadero y literal infierno.* Digo esto porque la Biblia es completa y absolutamente inspirada e infalible, y es la Santa Palabra de Dios. Aún más, ¡Jesús sabe de lo que está hablando! Eso lo puedes creer.

Muchas iglesias hoy en día han abrazado el universalismo. Esta falsa enseñanza incluso se ha colado en algunas iglesias evangélicas. El universalismo dice que Jesús no es el único camino al cielo. De hecho, ni siquiera necesitas considerar el cielo, porque Dios te lo va a dar de todas formas, no importa lo que hagas o creas. Ninguna religión en particular te llevará allí. Puedes ir si eres una buena persona, pero también puedes ir si eres una persona mediocre. La gracia, la fe y la sangre de Jesús no tienen nada que ver que te vayas o no el cielo.

Hace unos años, uno de los miembros de nuestra junta directiva de MarriageToday fue a una reunión de una denominación. Es pastor de una iglesia de una denominación muy grande. En esta reunión, uno de los líderes denominacionales dijo esto: «No voy a definir mi estilo de vida o mi sexualidad por las cuatro esquinas estrechas de este Libro [mientras sostenía una Biblia]. Es hora de que se escriba otro testamento que sea más actualizado y escrito para los tiempos en que vivimos». Cuando terminó, la multitud respondió con un aplauso estruendoso. La mayoría de la gente en la reunión parecía estar de acuerdo con los sentimientos del orador. Mi amigo informó: «Me sorprendió que alguien estuviera de acuerdo con esa declaración». Sin embargo, esta escena está ocurriendo en las iglesias y denominaciones de toda América.

No te equivoques con lo que estoy diciendo aquí. Muchas iglesias se han aferrado a la verdad. Aman a Jesús y viven en la expectativa de su regreso. Pero lo que estamos viendo en muchas otras iglesias y denominaciones es un audaz rechazo de las claras enseñanzas de la Biblia. Por lo tanto, aquí hago eco del apóstol Pablo diciendo: «Escuchen, queridos creyentes. No, Jesús aún no ha regresado, y no lo hará hasta que haya una gran apostasía, una gran rebelión, contra la verdad». Les digo que ahora mismo estamos presenciando esta apostasía, en nuestro tiempo actual, justo frente a nuestros ojos. Jesús profetizó: «Cuando regrese, la mitad de la Iglesia será falsa. La mitad de la Iglesia alejará. Y no los reconoceré como míos. Ellos solo pretenden conocerme, pero no me conocen ni me siguen de verdad». De nuevo, no sé la hora exacta en la que viene Jesús, pero veo las señales. La Biblia describe la condición del mundo al que Jesús volverá, y este mundo se parece mucho a ese.

Muy pronto después del Arrebatamiento, el Anticristo se revelará al mundo, y la gente de la tierra lo adorará. Confirmará un pacto de siete años con Israel, que señalará el comienzo de la Tribulación. En la mitad de esos años, se proclamará a sí mismo como «Dios». El profeta Daniel escribe:

> Y por otra semana confirmará el pacto con muchos; a la mitad de la semana hará cesar el sacrificio y la ofrenda. Después con la muchedumbre de las abominaciones vendrá el desolador, hasta que venga la consumación, y lo que está determinado se derrame sobre el desolador (Daniel 9:27, RVR1960).

El apóstol Juan también da este relato de esa época:

> Y se le permitió infundir aliento a la imagen de la bestia, para que la imagen hablase e hiciese matar a todo el que no la adorase. Y hacía que a todos, pequeños y grandes, ricos y pobres, libres y esclavos, se les pusiese una marca en la mano derecha, o en la frente; y que ninguno pudiese comprar ni vender, sino el que tuviese la marca o el nombre de la bestia, o el número de su nombre. (Apocalipsis 13:15-17, RVR1960).

Durante la Tribulación, la gente en la tierra tendrá solo dos opciones: ¡adorar al Anticristo o *morir!* Aquellos que tomen su marca y lo adoren serán sentenciados al infierno por la eternidad. El mundo se está preparando para ese momento, incluso mientras escribo estas palabras.

Escena 2: El Arrebatamiento de la Iglesia

El siguiente gran cuadro que Pablo da en 2.ª de Tesalonicenses 2 es el Arrebatamiento de la Iglesia:

> ¿No recuerdan que ya les hablaba de esto cuando estaba con ustedes? Bien saben que hay algo que detiene a este hombre, a fin de que él se manifieste a su debido tiempo. Es cierto que el misterio de la maldad ya está ejerciendo su poder; pero falta que sea quitado de en medio el que ahora lo detiene. Entonces se manifestará aquel malvado, a quien el Señor Jesús derrocará con el soplo de su boca y destruirá con el esplendor de su venida. (vv. 5-8, NVI).

En este texto Pablo nos dice algo muy importante: «Pero falta que sea quitado de en medio el que ahora lo detiene». Así que, ¿quién es el que lo detiene? Más adelante dice el Señor Jesús lo derrocará. Más específicamente, es el Espíritu Santo en la Iglesia el que detiene al pecado y la maldad en el mundo de hoy. Y esto seguirá así hasta que suceda el Arrebatamiento y la fuerza de Dios, que lo detiene en el mundo, sea removida.

¿Puedes imaginarte un mundo sin cristianos en él? Por supuesto, eso es difícil de imaginar, pero así es precisamente como será el mundo en el momento en que ocurra el Arrebatamiento. En un instante tantas cosas que podemos dar por sentadas desaparecerán. No habrá más predicación sobre el pecado y el arrepentimiento. Ni una sola persona que quede creerá que la Biblia es la autoridad máxima para la fe y la vida. Nadie en el mundo llevará a otros a Cristo, excepto los 144.000 judíos mencionados en los capítulos 7 y 14 de Apocalipsis. Será un mundo completamente transformado —y no en el buen sentido.

El Anticristo no será revelado hasta después de que ocurra el Arrebatamiento. La gente siempre está especulando sobre quién es el Anticristo. Desafortunadamente, vivimos en un mundo con grandes candidatos para ese papel. Quiero decir, si yo estuviera adivinando, podría llegar a mi propia lista de los 10 mejores rápidamente. Pero la verdad es que no lo sé, y tampoco tú. Aún no se ha revelado. Nadie lo sabrá hasta después del Arrebatamiento, y no planeo estar aquí.

En Lucas 17, Jesús da su propia descripción gráfica del Arrebatamiento. Le dice a sus seguidores qué clase de mundo existirá antes de que suceda. Jesús dice: «Como fue en los días de Noé, así también será en los días del Hijo del Hombre» (v. 26, RVR1960). Jesús dice: «Como fue en los tiempos de Noé, antes del Gran Diluvio, así será exactamente antes de mi regreso». También dice que la gente vivía de la misma manera durante la época de Lot en las ciudades de Sodoma y Gomorra. ¿Sabes cómo era en los días de Noé y Lot y qué pasará cuando Jesús regrese? Nos lo dice:

Comían, bebían, se casaban y se daban en casamiento, hasta el día en que entró Noé en el arca, y vino el diluvio y los destruyó a todos. Asimismo como sucedió en los días de Lot; comían, bebían, compraban, vendían, plantaban, edificaban; mas el día en que Lot salió de Sodoma, llovió del cielo fuego y azufre, y los destruyó a todos. Así será el día en que el Hijo del Hombre se manifieste. En aquel día, el que esté en la azotea, y sus bienes en casa, no descienda a tomarlos; y el que en el campo, asimismo no vuelva atrás. Acordaos de la mujer de Lot. Todo el que procure salvar su vida, la perderá; y todo el que la pierda, la salvará. Os digo que en aquella noche estarán dos en una cama; el uno será tomado, y el otro será dejado. Dos mujeres estarán moliendo juntas; la una será tomada, y la otra dejada. Dos estarán en el campo; el uno será tomado, y el otro dejado. Y respondiendo, le dijeron: ¿Dónde, Señor? Él les dijo: Donde estuviere el cuerpo, allí se juntarán también las águilas (Lucas 17:27-37, RVR1960).

El Arrebatamiento será selectivo, y son los creyentes los que serán seleccionados. No importa si tu esposa o tu esposo es cristiano. No importa si tu mejor amigo es cristiano. No importa con quién estés emparentado o quiénes sean tus amigos. Si no tienes una relación personal con Jesús, no te irás en el arrebatamiento. Serás dejado atrás para la Tribulación y el reinado de la persona más malvada de la historia del mundo.

Jesús dijo que habrá compra y venta, casamiento y entrega en matrimonio antes del Arrebatamiento, como en los tiempos de Noé y Lot. Se estarán llevando a cabo las actividades de todos los días. Esta es una de las razones por las que creo firmemente que el Arrebatamiento ocurrirá antes de la Tribulación. Déjame señalarte un texto muy importante del capítulo 17 de Lucas que prueba que Jesús regresará antes de la Tribulación.

> Asimismo **como sucedió en los días de Lot**; comían, bebían, compraban, vendían, plantaban, edificaban; mas el día en que Lot salió de Sodoma, llovió del cielo fuego y azufre, y los destruyó a todos. **Así será el día** en que el Hijo del Hombre se manifieste. (Lucas 17:28-30, RVR1960).

Los ángeles que vinieron a rescatar a Lot y su familia le dijeron que no podían juzgar a Sodoma y Gomorra hasta que Lot y su familia estuvieran fuera y a salvo en su destino. (Génesis 19:22) Y nota en el texto de Lucas 17 que Jesús dijo: «**El día en que Lot salió** de Sodoma, llovió del cielo fuego y azufre, y los destruyó a todos. **Así será el día** en que el Hijo del Hombre se manifieste» (énfasis añadido). Jesús está hablando claramente de un día específico en la vida de Lot cuando fue sacado del peligro antes de que el juicio cayera. Jesús entonces vincula directamente su regreso a su Iglesia con ese día y luego describe gráficamente el Arrebatamiento. No podría haber sido más claro que es un Arrebatamiento previo a la ira. ¡Gracias a Dios!

La gente que insiste en que los creyentes pasarán por la Tribulación ignoran textos importantes como este que nos dicen claramente que Jesús nos arrebatará antes de que el juicio llegue a la tierra. Por eso Jesús describió los días de Noé y Lot antes de que los juicios vinieran sobre ellos —comían, bebían, se casaban y se daban en casamiento. Al final de la Tribulación, miles de millones de personas habrán muerto, y la tierra será una ruina humeante después de siete años de horribles juicios de Dios. Nada siquiera similar a las actividades de todos los días.

También he escuchado a los maestros de la Biblia que creen que pasaremos por la Tribulación declarando que Dios soberanamente protegerá a los creyentes del juicio y protegerá a su pueblo como lo hizo con Israel en Goshen durante los juicios con los que Dios castigó a Egipto por medio de Moisés. Una vez más, este tipo de enseñanzas ignora importantes textos de las Escrituras como estos:

> Y vi tronos, y se sentaron sobre ellos los que recibieron facultad de juzgar; y vi las almas de los decapitados por causa del testimonio de Jesús y por la palabra de Dios, los que no habían adorado a la bestia ni a su imagen, y que no recibieron la marca en sus frentes ni en sus manos; y vivieron y reinaron con Cristo mil años. (Apocalipsis 20:4, RVR1960).

> También se le dio boca que hablaba grandes cosas y blasfemias; y se le dio autoridad para actuar cuarenta y dos meses. Y abrió su boca en blasfemias contra Dios, para blasfemar de su nombre, de su tabernáculo, y de los que moran en el cielo. Y se le permitió hacer guerra contra los santos, y vencerlos. También se le dio autoridad sobre toda tribu, pueblo, lengua y nación (Apocalipsis 13:5-7, RVR1960).

El propósito de la profecía bíblica es consolarnos. No puedes consolarme diciéndome que pasaré por la Tribulación. Serán los siete años más horribles de la historia de la humanidad. No solo el Anticristo perseguirá y martirizará a los creyentes en masa, sino que solo tres plagas en el capítulo nueve del Apocalipsis matarán a un tercio de la humanidad. Será literalmente el infierno en la tierra, y aquellos que reciban a Cristo después del Arrebatamiento no serán inmunes a nada de esto —excepto por la misericordia de Dios.

Estoy muy agradecido por las enseñanzas de Jesús sobre los días de Noé y Lot. Nos dan un gran consuelo de que el Señor no nos permitirá pasar por la ira, sino que seremos rescatados milagrosamente. He sido acusado de ser un escapista, y admito abiertamente que lo soy. Y aquí hay una Escritura de Jesús que nos dice a todos que seamos escapistas:

> Mirad también por vosotros mismos, que vuestros corazones no se carguen de glotonería y embriaguez y de los afanes de esta vida, y venga de repente sobre vosotros aquel día. Porque como un lazo vendrá sobre todos los que habitan sobre la faz de toda la tierra. Velad, pues, en todo tiempo orando que seáis tenidos por dignos de escapar de todas estas cosas que vendrán, y de estar en pie delante del Hijo del Hombre (Lucas 21:34-36, RVR1960).

El escenario de este pasaje de Jesús fue su enseñanza a los discípulos sobre el fin de los tiempos y los juicios que vendrían sobre el mundo durante la Tribulación. En ese contexto nos dirige a orar para que podamos «escapar de todas estas cosas que vendrán, y de estar en pie delante del Hijo del Hombre». Nos dice que oremos para que ser rescatados por Él en el Arrebatamiento y así escapemos de todos los juicios de la Tribulación. ¡Sí, soy un escapista, pero soy un escapista obediente!

TRES PARALELOS A LOS DÍAS DE NOÉ Y LOT

¿Qué quiso decir Jesús cuando dijo que el tiempo antes de su venida será como los días de Noé y Lot? He descubierto *tres paralelismos* entre los tiempos de Noé y Lot y nuestro presente.

1. Un mundo inmoral y violento

La Biblia dice que en los días de Noé el mundo estaba lleno de violencia e inmoralidad y en rebelión contra Dios. La generación de Lot era conocida como una generación inmoral. Considera el mundo actual en el que vivimos. ¿Está lleno de violencia e inmoralidad? ¡Claro que sí!

2. Un remanente justo

En los tiempos de Noé y Lot, quedaba un remanente justo que vivía para Dios. Hoy en día, todavía hay muchos creyentes comprometidos que viven para Dios en la obediencia a Su Palabra.

3. *La repentina evacuación de los justos*

En 1.ª de Tesalonicenses capítulo 5, Pablo escribe sobre «el día del Señor». Le dice a los creyentes: «No nos ha puesto Dios para ira». Y les instruye a «animarse unos a otros» (vv. 9, 11). En 1.ª de Corintios capítulo 15, Pablo nos da esta vívida descripción del Arrebatamiento:

> Pero esto digo, hermanos: que la carne y la sangre no pueden heredar el reino de Dios, ni la corrupción hereda la incorrupción. He aquí, os digo un misterio: No todos dormiremos; pero todos seremos transformados, en un momento, en un abrir y cerrar de ojos, a la final trompeta; porque se tocará la trompeta, y los muertos serán resucitados incorruptibles, y nosotros seremos transformados. Porque es necesario que esto corruptible se vista de incorrupción, y esto mortal se vista de inmortalidad. (1.ª de Corintios 15:50-53, RVR1960).

El Arrebatamiento ocurrirá «en un abrir y cerrar de ojos». Es muy poco tiempo para arrepentirte, cambiar tu vida, arreglar las cosas malas o entregar tu vida a Cristo. Por eso es tan importante entender la profecía del fin de los tiempos y estar listo para el regreso de Jesús en cualquier momento. Esto no significa que tengamos que ser personas perfectas. Ninguno de nosotros es perfecto, y todos nosotros somos salvos por gracia, no por las obras.

Pero me sorprende, a la luz de lo que la Biblia dice tan claramente sobre el regreso de Jesús y las señales proféticas que se están cumpliendo a nuestro alrededor, que haya tanta gente viviendo en pecado y rebelión con poco interés en el futuro.

Pueden parecer sabios y tranquilos ahora mismo, pero en un abrir y cerrar de ojos, todo cambiará. ¡Y se quedarán atrás!

Escena tres: La Tribulación

En la tercera escena, Pablo describe el mundo una vez que la Iglesia es quitada.

> [El] inicuo cuyo advenimiento es por obra de Satanás, con gran poder y señales y prodigios mentirosos, y con todo engaño de iniquidad para los que se pierden, por cuanto no recibieron el amor de la verdad para ser salvos. Por esto Dios les envía un poder engañoso, para que crean la mentira, a fin de que sean condenados todos los que no creyeron a la verdad, sino que se complacieron en la injusticia (2.ª de Tesalonicenses 2:9-12, RVR1960).

En Lucas 17:32 (NVI) Jesús dice a sus discípulos: «Acuérdense de la esposa de Lot». ¿Qué recordamos de ella? En el Génesis 19 ángeles visitaron la casa de Lot en Sodoma y le instaron a sacar a su familia de la ciudad. Aún así, Lot anduvo dando vueltas, y los ángeles literalmente tuvieron que arrastrarlo a él y a su familia fuera de la ciudad antes de que el fuego y el azufre cayeran. Los ángeles le dijeron a Lot y a su familia que ni siquiera miraran atrás. La esposa de Lot estaba huyendo con él, pero cuando comenzó la destrucción, miró hacia atrás y se convirtió en una columna de sal. Usando esta historia como telón de fondo, Jesús está diciendo «Voy a volver. Esta es la forma en que el mundo se verá antes de que yo regrese. Y cuando lo haga, dejaré una y tomaré la otra. ¡Así que acuérdense de la esposa de Lot!».

CREE EN DIOS Y EN SU
PALABRA, Y LA TRIBULACIÓN
NO SERÁ TU DESTINO.

Jesús dijo: «Tengan cuidado, no sea que se les endurezca el corazón por el vicio, la embriaguez y las preocupaciones de esta vida. De otra manera, aquel día caerá de improviso sobre ustedes» (Lucas 21:34, NVI). Él está hablando del Arrebatamiento en este versículo. Entonces dice: «Pues vendrá como una trampa sobre todos los habitantes de la tierra» (v. 35). Una trampa es algo que se usa para cazar un animal. Jesús advierte a sus seguidores que estén listos cuando Él venga y que no se enamoren del mundo, porque eso es lo que hizo la esposa de Lot. Amaba su vida en Sodoma más de lo que amaba a Dios y más de lo que quería escapar con su marido y sus hijas. El regreso de Jesús será como una trampa para animales para toda persona que ame al mundo más de lo que lo ama a Él. Y «cada persona» indica que esto será un evento global. ¿Cómo deberían responder los seguidores de Jesús? Él les dice: «Estén siempre vigilantes, y oren para que puedan escapar de todo lo que está por suceder, y presentarse delante del Hijo del hombre» (v. 36).

Para los que se quedan atrás, el que no tiene ley —el Anticristo— vendrá con señales, maravillas, poder y mentiras. Derramará su injusto engaño sobre todos en la tierra, y ellos lo creerán para su propia destrucción. Si hubieran recibido el amor del Padre y la verdad de su Hijo, se habrían salvado, pero en cambio se entregarán a la mentira. Se entregarán al engaño, y el Anticristo será el rey de los engaños.

Como lo dije antes, este no es un mensaje de desesperación. Es un mensaje de esperanza y gracia. Cree en Dios y en Su Palabra, y la Tribulación no será tu destino. Hazte esta pregunta: «*¿Cuál es mi relación con la Biblia?*». Compárala con una relación romántica. ¿Estás saliendo con la Biblia? ¿Estás comprometido con ella? ¿O estás casado con la Palabra de Dios? Estas son algunas de las preguntas más importantes que puedes hacerte hoy. Pasa cinco minutos en Internet y te darás cuenta de que los cristianos son atacados todos los días porque creen en la enseñanza de la Biblia sobre la verdad y la moralidad. Cuando ves tales cosas, ¿te escondes detrás de la esquina, con temor de revelar lo que realmente crees? ¿Sabes lo que dijo Jesús sobre esconderse con miedo?

> Si alguien se avergüenza de mí y de mis palabras en medio de esta generación adúltera y pecadora, también el Hijo del hombre se avergonzará de él cuando venga en la gloria de su Padre con los santos ángeles (Marcos 8:38, NVI).

Estamos viviendo en un mundo que está lanzando un ataque en toda regla a Jesucristo, a Su Palabra, y a todo lo que es sagrado. Ese hecho puede desanimarte, o puedes estar seguro de que somos las personas que están viviendo en esta tierra justo antes del regreso de Jesús. ¿Quieres ser como las vírgenes sabias de la parábola de Jesús? Entonces no seas una persona que se avergüence de Jesús y de Su Palabra. Sí, deberías mostrar compasión hacia los incrédulos y evitar la justicia propia, pero no te avergüences. ¡Tu Rey está llegando!

Cuando reconozcas a una persona que aún no es creyente —y digo «aún no» porque espero que lo sea pronto— o veas a alguien que no vive en obediencia ante Dios, muéstrales compasión. Los cristianos deberían ser personas compasivas. Sin embargo, no comprometas la verdad de la Palabra de Dios por nadie. Jesús estaba lleno de gracia y de verdad, *los dos* (Juan 1:14). Él espera lo mismo de nosotros. Si tienes la verdad sin gracia, entonces estás realizando una cirugía espiritual sin anestesia. Por otro lado, si estás lleno de gracia pero descuidas la verdad, entonces estás dispensando un frasco de medicina sin ningún medicamento para curar a nadie. Solo la gracia y la verdad *juntas* pueden producir la sanidad de alguien.

No seas tan amable de renunciar a la verdad de la Biblia solo para que la gente se sienta mejor consigo misma. Recuerda, la persona que más te quiere no es la que te dice lo que quieres oír. El que realmente te ama te dirá lo que *necesitas* oír. ¿Causó Jesús ofensas? Por supuesto que lo hizo. Pero fue porque era la única persona con la verdad. Y su verdad era amorosa y llena de gracia. Te insto a que seas como Jesús, tanto con la gracia como con la verdad. Cuando observes a la gente que no vive para Dios —que están en esclavitud o incluso a las personas que rechazan la Palabra de Dios—, entonces por el poder del Espíritu Santo, ámalos. Muéstrales compasión. Pero en el proceso, agárrate fuertemente de la Palabra de Dios. No estoy dispuesto a renunciar a la verdad de la Biblia por nadie. La verdad de la Biblia salvó mi vida, y por la gracia de Dios la defenderé hasta que Él regrese.

LA MORALIDAD EN UN PUNTO DE QUIEBRA

6

CUANDO LA MORALIDAD ES OPCIONAL

Si no lo has notado ya, el mundo está en un punto de inflexión moral. Creo que estamos viviendo en la época más inmoral de la historia de la humanidad. Nuestras vidas y las vidas de nuestros hijos han sido trastornadas moralmente por el libertinaje disponible para nosotros a través de la avanzada tecnología de las comunicaciones ahora accesible en todo el mundo. Los hogares de todo el mundo contienen teléfonos celulares, tabletas electrónicas, computadoras y televisores satelitales que no estaban disponibles para las generaciones anteriores. Cada forma pensable e impensable de inmoralidad está disponible en un instante en casi todo el planeta.

Hace unos años estaba predicando en otra ciudad de Estados Unidos. El pastor de la iglesia y yo estábamos conversando antes de que llegara el momento de predicar. Entonces me sorprendió con esta noticia: «Jimmy, voy a tener que convocar una reunión de emergencia de los padres de nuestra iglesia. Tengo que hablar con ellos e informarles sobre un nuevo nivel de inmoralidad en las escuelas secundarias de nuestra ciudad». Tenía curiosidad por saber qué les diría, así que le contesté: «¿En serio? ¿Qué está pasando?». Su iglesia está en una ciudad importante, así que solo podía adivinar lo que me iba a contar. «Jimmy», dijo, «mi hijo va a una escuela secundaria pública. He aprendido de él que hay un nuevo término, y no es "homosexualidad" o "bisexualidad". No, el nuevo término es "pansexualidad"». Quizás esta no sea una noticia para ti, ya que hace unos años que no predico en esa iglesia, pero no me había encontrado con este término antes. El prefijo *pan* significa «todo». Este pastor me decía que en la secundaria de su hijo había estudiantes que ya no limitaban su sexualidad por ninguna definición específica. En las escuelas de esta ciudad y ahora en todo el planeta, hay gente que tendrá sexo con cualquiera o con cualquier cosa, siempre y cuando les apetezca. No hay límites. Ni siquiera requiere de otra persona. No voy a ir más lejos con esta definición. La realidad es peor de lo que te puedas imaginar.

Los humanos han incluido la inmoralidad sexual en su repertorio desde el principio de la historia; la Biblia lo registra. Aún así, estamos viendo la erosión de la moralidad sexual a un ritmo vertiginoso. Discutiré más sobre la erosión de la moral sexual en el próximo capítulo, pero quiero que veas que es parte de un panorama más amplio. No se parece a nada que la humanidad haya visto antes. Conozco a otro pastor cuyo mejor amigo tiene un hijo. Ese hijo se volvió suicida. El pastor me dijo: «Este chico está involucrado en la pornografía y es adicto a ella». Luego me dijo que el hijo ni siquiera miraba a personas físicas reales.

Estaba enamorado de los personajes de fantasía y se dio cuenta de que nunca sería capaz de cumplir sus fantasías. Te ahorraré los detalles. ¿Pero no es esa la forma en que el diablo opera? Nuestro enemigo quiere hacernos adictos a algo que no podemos cumplir.

Dios no actúa de esa manera. No hay nada en Dios que sea adictivo. Nadie ha sido nunca adicto a la lectura de la Biblia. Nadie se ha hecho adicto a la oración. Nadie nunca será adicto a la adoración. Dios no nos aprisiona como lo hace la adicción. Quiere tu adoración sincera y voluntaria, no tu esclavitud. Es un pastor, no un explotador. El diablo, sin embargo, quiere ser tu amo esclavizándote. Quiere que caigas en la adicción, porque así puede controlarte y evitar que alcances el destino de Dios para tu vida. Te digo que nuestro mundo actual está en caída libre moral, con todo tipo de adicciones a todo tipo de comportamientos pecaminosos. Según la Biblia, es otra señal del fin de los tiempos.

En el capítulo anterior hablé largo y tendido sobre tres paralelos entre los días de Noé y Lot de los que Jesús habló en el capítulo 17 de Lucas y los días en los que vivimos. Pero en realidad hay un cuarto paralelo que es importante recordar.

JUICIO CATACLÍSMICO

El cuarto paralelo es el juicio cataclísmico. No me refiero a una tragedia común y corriente. Este juicio *es la ira de Dios* derramada.

En tiempos de Noé, un diluvio vino sobre el mundo y destruyó a todos los vivos, excepto a Noé y su familia. No fue simplemente un mal día, una mala guerra, un rumor de guerra, un terremoto o una peste como la de COVID-19. Este evento fue una destrucción global abrumadora. En las ciudades de Sodoma y Gomorra, el fuego y el azufre cayeron en forma de granizo. Llovió desde el cielo y destruyó a todos los humanos, excepto a Lot y su familia. La Tribulación será peor que cualquier cosa que el mundo jamás haya visto.

Una vez más, vuelvo al libro de 1.ª de Tesalonicenses, donde Pablo habla del regreso de Cristo. Aquí el apóstol dice a los creyentes que no experimentarán la ira de Dios (5:9). La Tribulación es mucho más que un juicio, es la ira de Dios Todopoderoso derramada sobre toda la tierra. Además, el apóstol Juan escribe en el Apocalipsis que un tercio de la humanidad será destruida (9:15) por tres plagas. Por eso, al final de la Tribulación, no habrá compra o venta, ni tampoco habrá casamiento y entrega en matrimonio. Las economías del mundo se derrumbarán, y miles de millones morirán. La tierra será una ruina humeante. No habrá más negocios como de costumbre.

Pablo también escribe:

> Ellos mismos cuentan de lo bien que ustedes nos recibieron, y de cómo se convirtieron a Dios dejando los ídolos para servir al Dios vivo y verdadero, y esperar del cielo a Jesús, su Hijo a quien resucitó, **que nos libra del castigo venidero** (1.ª de Tesalonicenses 1:9-10, NVI, énfasis añadido).

Jesús liberará a los creyentes de la ira que está por venir. Pablo repite esta idea unos pocos capítulos después:

> Pues Dios no nos destinó a sufrir el castigo, sino a recibir la salvación por medio de nuestro Señor Jesucristo. Él murió por nosotros para que, en la vida o en la muerte, vivamos junto con él. Por eso, anímense y edifíquense unos a otros, tal como lo vienen haciendo (1.ª de Tesalonicenses 5:9-11, NVI).

¿Por qué es tan importante para mí que sepas que no verás el horror de la Tribulación? Tengo la misma motivación que tenía Pablo. Quiero consolarte. Quiero que sepas que Dios está rebosante de gracia y misericordia. Su amor por ti no tiene fin. Creyentes, no experimentaremos la Tribulación porque nuestro Dios no nos ha designado para la ira. No nos juzgará con el mundo. Ya somos parte de su nueva creación, no de la antigua. Él vendrá a rescatarnos en el Arrebatamiento, tal como liberó a Noé y a Lot. No pasaremos por siete años de infierno en la tierra, donde miles de millones de personas morirán y los que viven soportarán un tormento indecible. No, tú y yo nos casaremos con Jesús en el cielo. ¡No tenemos nada que temer!

Echa otro vistazo al mundo de Noah:

> Esta es la historia de Noé. Noé era un hombre justo y honrado entre su gente. Siempre anduvo fielmente con Dios. Tuvo tres hijos: Sem, Cam y Jafet. Pero Dios vio que la tierra estaba corrompida y llena de violencia. Al ver Dios tanta corrupción en la tierra, y tanta perversión en la gente, le dijo a Noé: «He decidido acabar con toda la gente, pues por causa de ella la tierra está llena

de violencia. Así que voy a destruir a la gente junto con la tierra. (Génesis 6:9-13, NVI).

La palabra traducida como «corrupción» en este capítulo es *shachath* en hebreo. Significa «malvado, inmundo e inmoral». ¿Puedes ver los paralelismos con nuestro mundo actual? Dios observó el mundo de Noé, y lo que vio no era simplemente un mundo malo; era un mundo malvado. Noé y su familia vivían en una sociedad violenta e inmoral, muy parecida a la que vivimos hoy en día.

Ahora echa otro vistazo al mundo de Lot:

Dios no perdonó a los ángeles cuando pecaron, sino que los arrojó al abismo, metiéndolos en tenebrosas cavernas y reservándolos para el juicio. Tampoco perdonó al mundo antiguo cuando mandó un diluvio sobre los impíos, aunque protegió a ocho personas, incluyendo a Noé, predicador de la justicia. Además, condenó a las ciudades de Sodoma y Gomorra, y las redujo a cenizas, poniéndolas como escarmiento para los impíos. Por otra parte, libró al justo Lot, que se hallaba abrumado por la vida desenfrenada de esos perversos, pues este justo, que convivía con ellos y amaba el bien, día tras día sentía que se le despedazaba el alma por las obras inicuas que veía y oía. Todo esto demuestra que el Señor sabe librar de la prueba a los que viven como Dios quiere, y reservar a los impíos para castigarlos en el día del juicio. Esto les espera sobre todo a los que siguen los corrompidos deseos de la naturaleza humana y desprecian la autoridad del Señor. ¡Atrevidos y arrogantes que son! No tienen reparo en insultar a los seres celestiales, mientras que los ángeles, a pesar de superarlos en fuerza y en poder, no pronuncian contra tales seres ninguna acusación insultante en la presencia del Señor (2.ª de Pedro 2:4-11, NVI).

El apóstol Pedro usa la palabra *aselgeia* en este pasaje, que se traduce como «inmundo». Significa «desvergonzado, inmoral y lleno de deseos equivocados». Según Pedro, la gente que es «inmunda» tiene deseos abrumadores de placer y absolutamente sin ningún temor a Dios. Los ángeles vinieron a la ciudad para salvar a Lot y su familia, y los hombres de la ciudad trataron de forzarse sexualmente a los ángeles. No sé si se puede ser más impío. Cuando Dios miró esas ciudades en los días de Lot, eran muy parecidas a nuestro mundo actual. Respondió a su inmoralidad de una manera muy severa a través de un juicio cataclísmico, que también vendrá a nuestro mundo pronto. Cuando Dios vio el mundo inmoral y violento de Noé, tuvo la misma respuesta. Dios tendrá que disculparse con Noé y Lot si permite que nuestro mundo continúe como está.

LA BIBLIA EVALÚA EL ESTADO MORAL DE NUESTRO MUNDO

El apóstol Pablo delinea una evaluación mucho más descriptiva de nuestro mundo. Le dice a Timoteo sobre el estado de la moralidad en los últimos días:

> También debes saber esto: que en los postreros días vendrán tiempos peligrosos. Porque habrá hombres amadores de sí mismos, avaros, vanagloriosos, soberbios, blasfemos, desobedientes a los

padres, ingratos, impíos, sin afecto natural, implacables, calumnia-dores, intemperantes, crueles, aborrecedores de lo bueno, traido-res, impetuosos, infatuados, amadores de los deleites más que de Dios, que tendrán apariencia de piedad, pero negarán la eficacia de ella; a éstos evita. Porque de éstos son los que se meten en las casas y llevan cautivas a las mujercillas cargadas de pecados, arrastradas por diversas concupiscencias. Estas siempre están aprendiendo, y nunca pueden llegar al conocimiento de la verdad. Y de la manera que Janes y Jambres resistieron a Moisés, así también éstos resis-ten a la verdad; hombres corruptos de entendimiento, réprobos en cuanto a la fe. Mas no irán más adelante; porque su insensatez será manifiesta a todos, como también lo fue la de aquéllos. (2.ª de Timoteo 3:1-9, RVR1960).

¿Estarías de acuerdo en que la descripción de Pablo se parece mucho a la de hoy en día? Él nos enumera 19 violaciones morales distintas y dice que habrá una gran deconstrucción de la moral en el mundo. No creo que este fuera el estado del mundo cuando yo era niño. Cuando me portaba mal en la escuela, mis padres no se quejaban ni llamaban a la ACLU. Nunca amenazaron a ninguno de mis maestros. No, si mis padres descubrían que había causado problemas en la escuela, tenía grandes problemas en casa. Dejamos las puertas abiertas. Jugábamos fuera día y noche, y ni nosotros ni nuestros padres teníamos miedo de eso. Hoy en día, los padres serían considerados altamente irresponsables si hicieran lo mis-mo, debido a la gente malvada que deambula por nuestros barrios. Sí, había gente inmoral en ese entonces, pero la mayoría de la gente por lo general era moral. Era un mundo muy diferente.

Por qué Pablo describe la inmoralidad de 19 maneras diferentes

Hoy en día estamos siendo testigos de un completo rechazo de la moralidad, especialmente desde la llegada del Internet. En el último cuarto de siglo, hemos visto cambiar el mundo que nos rodea. Así, cuando Pablo utiliza 19 medidas diferentes de inmoralidad como señales del fin de los tiempos, su segunda carta a Timoteo parece más actualizada hoy que hace 25 años. El apóstol le dice a Timoteo que se avecinan tiempos muy peligrosos, y luego entra en gran detalle para describirlos. ¿Pero por qué supones que Pablo enumera las 19 violaciones morales?

1. PARA EXPLICAR EL ESPECTRO COMPLETO DEL PECADO

Pablo está explicando todo el espectro de pecado que habrá en el mundo en el fin de los tiempos. La inmoralidad no se trata simplemente de la sexualidad, aunque incluye ese aspecto de nuestras vidas. La inmoralidad es en realidad una medida del carácter. Si la gente cae en la inmoralidad grosera, esto afecta cada fibra de su carácter. De la misma manera en que el cáncer comienza con una sola célula y puede eventualmente invadir todo el cuerpo, las personas que eligen la inmoralidad pronto perderán el control de su carácter y existencia. La moral está ahí para protegerte a ti, a los demás y a tu relación con Dios.

Supongamos que soy una persona moral. (Creo que lo soy, pero quiero ser humilde al respecto). Si es así, entonces no voy a lastimarte intencionalmente. No voy a arremeter contra ti y decirte algo terrible. No diría una mentira sobre ti o sobre ti. Nunca difamaría tu carácter. No te robaría ni dañaría algo que te pertenece. Nunca intentaría seducir a tu esposa. Si soy una persona moral, entonces es seguro para ti y para la gente que amas estar cerca de mí. Por otro lado, si soy una persona inmoral, entonces terminaré dañándote de una o más maneras. No puedes estar a salvo de la inmoralidad.

2. PARA EXPRESAR LOS SENTIDOS DE DIOS SOBRE LA INMORALIDAD

Pablo quiere que Timoteo entienda que Dios odia la inmoralidad y la juzgará severamente. Cuando el apóstol dice: «Amadores de sí mismos, avaros, vanagloriosos, soberbios», todas estas cosas son verdaderamente «sin afecto natural». La palabra griega traducida en español como «sin afecto natural» es *astorgos*, que significa «no tener un amor natural de familia por el otro». Cuando empecé en el ministerio hace más de cuatro décadas, una mujer rara vez dejaba a su familia, especialmente no lo hacía con sus hijos. Algunos hombres no se comportaban tan bien, y algunos de ellos abandonaban a sus esposas e hijos. Pero para una mujer hacer eso sería muy raro. En la actualidad, he sido testigo de padres de ambos sexos que abandonan a sus hijos, los maltratan o incluso los acosan. Hemos llegado a una era inquietante en la que muchos padres no tienen ningún respeto natural por su propia descendencia. Algunos incluso llegan a matarlos.

Lamentablemente, he sido testigo de los resultados de primera mano y de una manera muy personal. Hace unos años, dirigí un funeral para una pareja que murió como resultado de un asesinato-suicidio. Verás, los conocía muy bien. Crecí con ellos y fui a la escuela primaria con ellos. En este caso la mujer mató a su marido y luego se mató a sí misma.

Otro de mis viejos amigos, un hombre que fue decisivo para que aceptara a Jesús y creciera en mi fe, se mudó a otra ciudad. Dejó de ir a la iglesia y comenzó a andar con un hombre muy impío. Hablé con mi amigo sobre sus opciones varias veces. Le pregunté por qué había abandonado la iglesia y por qué andaba con un hombre notoriamente inmoral. Me respondió: «Bueno, estoy en una fase diferente de mi vida. En verdad no necesito ir a la iglesia, y estoy evangelizando a este hombre». Unos días después, recibí una llamada de su esposa. Podía oír a sus hijos gritando en el fondo. Su voz comenzó a temblar y dijo: «Me está dejando, ahora mismo, y se va a vivir con su amigo». Estaba conmocionado y enojado. Le contesté: «¿Qué quieres decir con que te deja? Ponlo al teléfono». Así que le pasó el teléfono a su marido, y le pregunté: «¿Estás dejando a tu mujer?». Respondió: «Sí. Me voy a vivir con mi amigo, Jimmy. No te puedes imaginar el sexo que hay disponible afuera. Y me voy a alejar de mi familia para poder salir y divertirme, tener sexo y vivir mi vida».

Este hombre no dejó a su familia por una mujer, ¡dejó a su familia por una *mujer cualquiera*! Antes de que pudiera colgar, le insté a que se quedara ahí. «Voy en camino. Estaré allí en un minuto». Me dijo: «No, no. Yo... no... ya estoy saliendo». Antes de irse, le dijo a su esposa: «Eres la esposa perfecta. No me das suficiente sexo». Por favor, presta mucha atención. *Si estás bajo la influencia de la pornografía, un harén de mujeres no puede darte suficiente sexo.* Tienes un sentido pervertido de la realidad. Este hombre estaba de hecho bajo la influencia de la pornografía. Entonces tuvo el descaro de pedirme que me fuera con él. No le diré exactamente cómo respondí, pero le aseguro que no fue mi momento más amable.

Además de eso, quiero que sepas otras cosas que sucedieron durante esa llamada. Podía oír a sus hijos suplicando en el fondo: «¡Papá, no te vayas! ¡Papá, por favor no te vayas! ¡Papá! ¡Papá!». Tres niños lloraron en el coro más lamentable que se haya podido escuchar. Sus gritos desgarradores se me han quedado grabados todos estos años. Su esposa me dijo más tarde que los niños se agarraron de las piernas del padre, con todas sus fuerzas. Finalmente, cuando llegó a la puerta se desprendió de ellos. Y luego se fue a satisfacer sus «necesidades». Este hombre destruyó a su esposa, a sus hijos y a toda su familia. Destrozó su reputación. Peor aún, tiró por la borda su relación con el Dios que lo ama tanto. Solo se preocupaba por sí mismo y por lo que podía conseguir. Ese es el mundo en el que vivimos hoy.

LA MORAL ESTÁ PARA
PROTEGERTE A TI, A LOS DEMÁS
Y A TU RELACIÓN CON DIOS.

Dios odia la inmoralidad porque destruye a las personas que ama. Deja daños a su paso, ya que devasta a hombres, mujeres y niños. Nuestro Dios es amoroso y no desea que el mal venga sobre nosotros. Creó la moralidad para proteger a la gente que ama. La inmoralidad devasta y arruina. Por eso Pablo le dijo a Timoteo: «También debes saber esto: que en los postreros días vendrán tiempos peligrosos». Creyentes, estamos en tiempos peligrosos ahora mismo. Vivimos una época sin restricciones morales. Escucharán de empleados enfurecidos que vuelven a la fábrica u oficina y disparan a la gente. Es un mundo espiritual y físicamente muy, muy peligroso. Vivimos en una época de valores pervertidos, lealtades equivocadas y actos irreflexivos.

Cuatro categorías de inmoralidad

Las 19 cuestiones morales específicas que Pablo enumera se pueden dividir en cuatro categorías generales:

1. LA EXALTACIÓN DEL YO

La primera categoría de inmoralidad a la que Pablo se refiere es la exaltación del yo, que también podríamos llamar narcisismo en términos contemporáneos. Dice que la gente será amante de sí misma, fanfarrones, orgullosos, altivos y testarudos. La mayoría de nosotros hemos visto atletas que pueden ser un poco fanfarrones o parecen estar un poco llenos de sí mismos. Creo que algo de eso está bien. Casi se ha convertido en parte del juego. Sin embargo, cuando era niño nadie se jactaba tanto en los deportes profesionales. Un jugador haría una gran jugada, pero no había ninguna celebración excesiva; cuando miraba a mis amados Cowboys de Dallas, Bob Lilly o Roger Staubach, harían una jugada impresionante. Luego volvían al grupo como si hubieran salido a buscar el correo del buzón. Los entrenadores les decían a los jugadores: «Actúen como si ya lo hubieran hecho antes». Por supuesto que los fans celebraban las jugadas, pero no los jugadores. En ese entonces, se consideraba errado celebrar tus propios logros.

Entonces los tiempos comenzaron a cambiar. La primera vez que vi a un atleta celebrar su propio éxito fue durante un partido de los Dallas Cowboys. El jugador hizo una voltereta hacia atrás después de hacer una gran jugada. El entrenador de los Cowboys, Tom Landry, lo sacó del juego. No iba a dejar que sus jugadores actuaran de esa manera. Hoy, sin embargo, parece que los jugadores han contratado a coreógrafos profesionales para ayudarles a planear sus celebraciones. De nuevo, no quiero ser demasiado crítico; reconozco que se ha vuelto socialmente aceptable hacer alguna celebración. Pero eso es porque la sociedad ha cambiado. Este cambio en el comportamiento ejemplifica un egocentrismo general que ha invadido nuestra cultura.

¿Cuántas personas sueñan con ser famosas, aunque solo sean famosas en Internet? ¿Cuántas veces oímos hablar del ostentoso estilo de vida de gente que no tiene más talento que tú o yo? Estamos viviendo en un mundo lleno de narcisismo socialmente sancionado. Nada importa excepto yo o lo que otras personas puedan hacer por mí. El problema no es que la gente se ame a sí misma, sino que se ame a sí misma excluyendo a Dios y a todos los demás.

2. EL RECHAZO DE LA AUTORIDAD

El apóstol Pablo dice que mucha gente rechazará la autoridad en los últimos días. Serán «desobedientes a los padres» y «amadores de los deleites más que de Dios». Si estás en una posición de autoridad tengo malas noticias: este es un mundo peligroso para ti. El personal de las fuerzas del orden en EE. UU. está siendo atacado, como en cualquier otro lugar del mundo. Estos individuos protegen nuestra sociedad con salarios bajos, pero se han convertido en objetivos principales para los asaltos físicos y legales. En Dallas, Texas, nuestra propia fuerza policial ha sido atacada muchas veces con fuerza mortal.

Los maestros también se enfrentan a una sociedad que ya no respeta su papel. Un maestro que conozco me dijo que un chico de su clase le dijo: «Voy a ir a casa, agarraré mi pistola y volveré para matarte». El maestro expulsó al estudiante. Al final del día, el maestro iba caminando hacia su coche cuando se encontró con la madre del estudiante. Ella le dijo: «Si usted no le hace enojar a mi hijo, él no lo amenazará con su arma».

Mis padres no habrían sido tan amables conmigo, y ciertamente no habrían enfrentado a mi maestro. Tristemente, el estudiante probablemente amenazó a su madre de la misma manera, cuando se enojaba con ella. Los profesores necesitan autoridad para enseñar. Sin embargo, nos estamos moviendo hacia una sociedad cada vez más anárquica en la que nadie teme o respeta la autoridad. Recuerda, el Anticristo será llamado «el hombre de anarquía» (NTV). Cuando se rebelan contra la autoridad, tienen el mismo espíritu que el Anticristo.

3. EL RECHAZO DE LAS NORMAS MORALES

Hace unos años los miembros de una banda de chicos muy famosa asistieron a nuestra iglesia. Antes de pararme a predicar, uno de nuestros pastores me dijo: «Si oyes a las chicas gritando, no se trata de ti». Solo para aclararlo, no hay momento en mi vida en el que hubiera pensado que se trataba de mí. De todos modos, cada uno de los chicos se había comprometido a la castidad, e hicieron acuerdos con Dios para esperar hasta el matrimonio antes de tener sexo. Fueron tratados como una rareza por algunos y vilipendiados por la prensa. Se burlaron abiertamente de ellos. Sin embargo, creo que necesitamos que muchos más jóvenes se comprometan a la pureza antes del matrimonio. ¿Cuántas veces hemos escuchado: «Es mi cuerpo, y no puedes decirme qué hacer con él»? Pero cuando gente como estos chicos deciden que usarán sus cuerpos para el bien en vez de para el pecado, son ridiculizados por hacerlo. Pablo advirtió que habría burladores del bien, y definitivamente tenía razón.

4. CRUELES Y FALTOS DE AMOR

Pablo dice que la gente en los últimos días también será desleal, faltos de amor y crueles verbalmente. Serán implacables y no estarán dispuestos a reconciliarse. Serán blasfemos, calumniadores y traidores. En mi experiencia, esto parece ser mucho de lo que estoy viendo en Internet. De hecho, algunos niños incluso se han suicidado por lo que se ha dicho de ellos en blogs y otros sitios de medios sociales. Vivimos en una cultura con toda una industria mediática dedicada al chisme, y no les importa a quiénes destruyen sus vidas. Se abalanzan sobre cualquier oportunidad para derramar su veneno.

El presidente Franklin D. Roosevelt fue un superviviente de la polio, y le dejó confinado a una silla de ruedas la mayor parte de su vida adulta. ¿Sabías que la mayoría de los estadounidenses no se dieron cuenta de su condición hasta mucho después de su muerte? ¿Sabes por qué? Los medios de comunicación protegieron su imagen. No querían que el pueblo estadounidense viera a su presidente como alguien débil. Cada vez que Roosevelt subía al escenario, lo ayudaban a pararse detrás de un podio, o los fotógrafos le tomaban fotos que lo hacían parecer parado y fuerte. Sin embargo, hoy en día, parece ser uno de los principales objetivos de los medios de comunicación deshonrar y avergonzar a todos y cada uno de los que les disgustan.

Cuatro respuestas morales para los creyentes

El mundo en el que vivimos hoy no se parece en nada al que muchos de nosotros vivimos durante nuestra juventud. Estamos siendo testigos de las cuatro categorías de inmoralidad que Pablo enumera para Timoteo. Este es un mundo en el fin de los tiempos. Lo diré de nuevo: estamos en un punto de quiebra. Pero ¿qué pasa si los creyentes quieren vivir en contra del declive espiritual de nuestra época? ¿Cómo sería eso? Supongamos que invirtiera la lista de Pablo y te mostrara la vida de una persona piadosa. ¿Cuáles serían los opuestos morales de las cuatro categorías de Pablo?

1. LA EXALTACIÓN DE CRISTO SOBRE UNO MISMO

La gente piadosa no debería ser ni altiva ni orgullosa. Más bien, son humildes y exaltan a Cristo sobre sí mismos. El apóstol Pedro dice: «Revístanse todos de humildad» (1.ª de Pedro 5:5, NVI). ¿Por qué crees que dice que debemos «revestirnos»? Es porque no nos vestimos de humildad de forma natural. Tenemos que tomar una decisión para hacerlo. Debido a nuestra naturaleza pecaminosa, somos orgullosos. Tenemos que elegir permitir que Dios haga una obra en nosotros para que dejemos de lado nuestro orgullo.

Todos los días cuando te levantas de tu cama tienes que tomar la decisión de revestirte de humildad y permanecer en ella el resto del día. Una vez que te conviertes en un seguidor de Cristo, tu vida ya no se trata de ti; se trata de Jesús. Cuando te des cuenta de esta verdad, pasarás mucho menos tiempo intentando que los demás piensen bien de ti. Tu primer pensamiento será, *Necesito a Jesús, así que voy a alabarlo y adorarlo como mi primer acto del día.* No será, *¿Cómo me promuevo a mí mismo?* No, será, *¿Cómo puedo glorificar a Jesús y elevarlo para que otros lo vean?* Solo seré visible en el trasfondo.

Un día, mientras leía el libro del Apocalipsis, vi estas palabras: «una gran multitud, la cual nadie podía contar», (7:9, RVR1960). Esta gente se reunió para adorar a Dios. Luego leí sobre «un mar de vidrio mezclado con fuego», en el que la gente estaba adorando de nuevo a Dios (15:2-3). ¿Sabes lo que pasó por mi mente mientras leía estas escrituras? *¡No se trata de mí! Nunca será sobre mí. Es sobre Jesús. ¡No seas tan creído, Jimmy!* Sí, habrá muchas cosas interesantes para ver y hacer en el cielo. Y si soy honesto, ¡un mar de vidrio y fuego suena muy interesante! Pero el cielo no será sobre mí. Solo una persona es digna de mi atención y adoración eterna: el Señor Jesucristo. Como creyentes, debemos quitarnos nuestra arrogante y narcisista ropa, ponernos la humildad y exaltar a Jesús.

2. LA SUMISIÓN A LA AUTORIDAD DE DIOS Y A SUS AUTORIDADES HUMANAS DELEGADAS

Como cristiano, se supone que soy una persona sumisa. Verás, cuando reconocí a Jesús como Señor, estuve de acuerdo con Él en que había estado fuera de control y necesitaba estar bajo su control. Debido a que soy un cristiano, un *seguidor* de Cristo, no estoy destinado a ser un rebelde. La rebelión no es ni congruente ni compatible con la fe cristiana. Debo estar sometido a la autoridad de Dios y también a las autoridades humanas que Él ha delegado. Recuerden que Jesús dijo: «No hago nada si no veo a mi Padre hacerlo» (ver Juan 5:19-20). Jesús también se sometió a su madre, María, que era la autoridad designada por Dios en su vida. María impidió que Jesús entrara en el ministerio público cuando tenía 13 años (ver Lucas 2:41-52). Cuando Jesús tenía 30 años, su madre fue la que le dijo que empezara su ministerio público (Juan 2:1-11). Jesús se sometió a la autoridad, tanto en el cielo como en la tierra.

3. LA ACEPTACIÓN DE LAS NORMAS MORALES DE LA BIBLIA

La tercera forma de contrarrestar el espíritu inmoral de esta época es aceptando y viviendo según las normas morales absolutas de la Biblia. Nuestros seres carnales quieren hacer cosas que la Biblia dice expresamente que no debemos hacer. O no hacemos las cosas que la Biblia específicamente nos dice que hagamos. Entiendo que todos fallamos y cometemos errores. Sin embargo, hay una gran distinción entre cometer un pecado y elegir activamente practicar un estilo de vida pecaminoso. Sí, los cristianos pecan, pero alguien que realmente ama a Jesús no dirá, *Dios, todo lo que me dices que haga, lo rechazo. Todo lo que una vez creí, ahora renuncio. A partir de ahora voy a manejar mi vida por mi cuenta.*

Si elijo practicar el pecado, lo que digo en la práctica es: «Lo estoy haciendo y está bien. Haré lo que quiera hacer cuando quiera hacerlo. Entonces encontraré un versículo de la Escritura para que se vea bien. Es mi estilo de vida. Es la forma en que vivo». El apóstol Pablo dice: «Si confesares con tu boca que Jesús es el Señor, y creyeres en tu corazón que Dios le levantó de los muertos, serás salvo» (Romanos 10:9, RVR1960). Y Jesús preguntó: «¿Por qué me llaman ustedes "Señor, Señor", y no hacen lo que les digo?» (Lucas 6:46, NVI). Debemos entender que Señor significa «Amo». Un amo tiene autoridad sobre cómo se comportan los sirvientes. ¿Es Jesús el Amo de tu vida o no?

Dios no es una máquina expendedora de la cual puedes tomar lo que quieres y dejar todo lo demás. No puedes decir: «Voy a presionar el botón C-7 y conseguir un Salvador, pero, Señor, quédate ahí». Jesús no hace las cosas a tu manera. O haces todo a su manera o nada. Algunos creen que pueden decirle: «Señor, quiero ser salvo, y quiero que seas el Señor de mi vida; pero te diré algo: "Voy a acostarme con quien quiera". Tengo una lista de cosas de las que no puedes hablarme, así que, Jesús, te lo digo para que vayas sabiendo». Me imagino al Señor respondiendo: «¿En serio? ¿Así que crees que tienes el control de esta relación? ¿En serio?».

Para contrarrestar el espíritu de esta época, debes aceptar, creer, confiar y vivir de acuerdo con la absoluta, infalible e inspirada Palabra de Dios Todopoderoso. La Biblia te dirá la verdad siempre que todo y todos los demás a tu alrededor estén diciendo una mentira. Si te preguntas si algo es un pecado, puedes estar seguro de que la voz del Espíritu Santo y la Palabra de Dios te darán una respuesta clara.

SOLO UNA PERSONA ES DIGNA
DE MI ATENCIÓN Y ADORACIÓN
ETERNA: EL SEÑOR JESUCRISTO.

4. AMAR A LOS DEMÁS LEALMENTE Y SACRIFICIALMENTE

Recuerda, Pablo dice que al final de los tiempos el amor de muchos se enfriará, se negarán a reconciliarse o a perdonar, y serán blasfemos. Jesús nos da una forma alternativa de comportarnos:

Bienaventurados los pacificadores,
porque ellos serán llamados hijos de Dios (Mateo 5:9, RVR1960).

Los creyentes no deberían ser alborotadores, chismosos o gente malintencionada. Jesús nos dice que amemos a los demás lealmente y con sacrificio. Creo que fue bajo estas condiciones que Estados Unidos se convirtió en una gran nación. Nuestros padres y madres fundadores tenían este carácter. Este espíritu gobernó nuestra nación mientras ascendíamos en grandeza. Hoy, sin embargo, nos hemos convertido en una nación muy inmoral y viciosa. Hemos aprobado el aborto, la inmoralidad sexual, la violencia y cualquier otra categoría por la que se juzgue que una nación ha caído en la inmoralidad. Hemos estado muy cerca de renunciar al excepcional llamado que Dios tiene sobre nosotros y a la bendición que ha puesto sobre Estados Unidos.

Jesús le dijo a sus seguidores:

Vosotros sois la sal de la tierra; pero si la sal se desvaneciere, ¿con qué será salada? No sirve más para nada, sino para ser echada fuera y hollada por los hombres. Vosotros sois la luz del mundo; una ciudad asentada sobre un monte no se puede esconder. Ni se enciende una luz y se pone debajo de un almud, sino sobre el candelero, y alumbra a todos los que están en casa. Así alumbre vuestra luz delante de los hombres, para que vean vuestras buenas obras, y glorifiquen a vuestro Padre que está en los cielos (Mateo 5:13-16, RVR1960).

¿Crees que la mayoría de la gente vive así? ¿Incluso la mayoría de los cristianos? En estos últimos días es más importante que nunca que seamos una luz para el mundo. Nuestras vidas deben mostrar a la gente el camino hacia Dios. En lugar de estar bajo la influencia del mundo, debemos influir en el mundo. La gente puede tratar de llevarte al pecado, pero tu labor es atraer a otras personas a la justicia y a tener una relación con Jesucristo. Dios quiere que tengamos una defensa agresiva en lugar de una defensa pasiva. Quiere que vivamos nuestras vidas intencionadamente con el propósito de glorificar a Dios, prepararnos para el regreso de Jesús, y llevar al cielo a tantas personas como podamos.

No podemos reducir toda la inmoralidad a la inmoralidad sexual, aunque la gente en el mundo a menudo acusa a los cristianos de adoptar ese enfoque. A menudo somos retratados como fariseos no divertidos y juzgadores. Por el contrario, los cristianos creyentes en la Biblia deberían saber cuánto quiere Dios que disfrutemos de nuestra sexualidad de forma saludable en el matrimonio. La Biblia también nos dice lo destructivas que pueden ser otras formas de expresión sexual. De hecho, no es necesario leer la Biblia para ver la devastación causada por el sexo fuera de los límites de la definición bíblica del matrimonio.

Dado que el sexo sin límites causa un daño tan increíble a nuestra sociedad, dedicaré el próximo capítulo a demostrar cómo la sexualidad sin límites encaja en las profecías de la Biblia sobre el fin de los tiempos.

7

LA SEXUALIDAD EN
LA REBELIÓN

Toda inmoralidad es un pecado contra Dios, pero la inmoralidad sexual recibe una atención específica en el Nuevo Testamento. Jesús dijo que el fin de los tiempos sería muy parecido a los días de Noé y Lot (Lucas 17:26-30). En ambas historias bíblicas la inmoralidad sexual impregnaba la sociedad. Creo que estas son las dos únicas veces en la historia de la humanidad en las que la moralidad sexual alcanzó un declive tan severo. En ambos casos la cultura evolucionó hasta el punto de la anarquía moral, y Dios respondió con un juicio cataclísmico.

El apóstol Pedro dijo que Dios no perdonó de su ira a los ángeles sexualmente inmorales (2.ª de Pedro 2:4-10, NTV). El versículo 10 de ese pasaje presenta dos rasgos que definen el tipo de sociedad de la que Jesús hablaba en Lucas 17. Pedro se dirige «a los que se entregan a sus propios deseos sexuales pervertidos y desprecian la autoridad». A lo que se refiere es a la *inmoralidad sexual y a la rebelión*. Esa es la descripción perfecta de nuestra sociedad actual. ¿Y cuál será el resultado de nuestros comportamientos impíos? Dios desatará su juicio, y el juicio más completo será la Tribulación. Te mostraré el tipo de comportamientos sobre los que estoy escribiendo.

LA INMORALIDADD SEXUAL

Los humanos han sido pecadores desde que Adán y Eva desobedecieron a Dios en el Jardín del Edén, pero durante períodos específicos la inmoralidad ha sido tan desenfrenada que Dios intervino con resultados catastróficos. Ahora mismo, hemos inventado cosas en nuestro tiempo que impactarían a las generaciones de Noé y Lot. No entraré en todos los detalles, pero quiero contarte sobre *cuatro innovaciones* de nuestra época que han comprometido la moralidad sexual más allá de lo que cualquier generación anterior podría imaginar.

1. Distribución mundial de la pornografía explícita

Cualquiera que tenga acceso a un teléfono, computadora u otro dispositivo digital hoy en día puede acceder a la pornografía más explícita que la humanidad haya inventado. Hace solo unos años, la gente tenía que escabullirse a una tienda de pornografía para comprar materiales pornográficos. Generalmente, esta compra se hacía en secreto con la amenaza de la exposición y la vergüenza. Sin embargo, hoy, millones de estadounidenses y otros en todo el mundo ven materiales pornográficos explícitos e incluso violentos desde la comodidad y la privacidad de sus propios hogares, oficinas e incluso vehículos.

Un intento de producir un estudio sobre los efectos del uso de la pornografía entre hombres jóvenes en edad universitaria no se materializó cuando los investigadores no pudieron identificar un grupo de control que no viera pornografía. Otro estudio encontró que cuatro exposiciones separadas de una hora de duración a materiales clasificados R (Restringido para menores de 18 años), modificaron la percepción de los hombres sobre las mujeres lo suficiente como para influir en la forma en que se relacionarían con ellas sexualmente. Imagínate los efectos que la constante exposición a materiales pornográficos explícitos tiene en las mentes y en los comportamientos de quienes los consumen. La pornografía tiene efectos negativos en las relaciones y ha destruido millones de matrimonios.

2. Sexo virtual y robótico

La pornografía se ha convertido en un asunto privado con un riesgo de exposición cada vez más limitado. Esta supuesta privacidad solo alimenta la obsesión de nuestra sociedad por la expresión sexual egoísta y centrada en uno mismo. Dios creó la sexualidad para que estuviera al servicio de la otra persona, específicamente orientada al cónyuge en una relación matrimonial. El carácter sagrado de la sexualidad ha sido descontextualizado de la relación matrimonial. A medida que la sexualidad se cruza con la tecnología moderna, los humanos se han vuelto aún más inventivos con la expresión sexual enfocada en sí misma. Inventos cada vez más recientes en la realidad virtual y la robótica compiten por reemplazar completamente las interacciones humanas. Cada año, los inventores revelan nuevos tipos de tecnología para reemplazar a los humanos en la ecuación sexual. Algunas personas se han obsesionado tanto con esta nueva tecnología que incluso afirman estar enamorados de sus robots sexuales de la misma manera que describiríamos una relación romántica con otro humano.

3. Pansexualidad

Hablé de la pansexualidad en el capítulo anterior, pero para reiterar, es la idea de que una persona puede estar abierta a experiencias sexuales con una persona de cualquier género o con alguien que no se identifica con un género. Se trata de un fenómeno relativamente nuevo y considerado «cool» o «de última onda» por muchas personas de las generaciones más jóvenes. Es una expresión de rebelión sexual y de rechazo a seguir las normas o la moral social o religiosa. Por ejemplo, la estrella del pop Miley Cyrus se ha identificado como pansexual y mantiene relaciones públicas tanto con hombres como con mujeres.

4. Transexualidad

La transexualidad se ha practicado abiertamente desde al menos la década de los 1960. Recientemente, se ha convertido en la corriente popular. Caitlyn (antes Bruce) Jenner fue una vez la más célebre atleta olímpica del mundo. En 2015 Jenner anunció que haría la transición de hombre a mujer. Muchas celebridades y políticos celebraron su «valentía». ESPN anunció que Jenner recibió el «Premio Arthur Ashe Courage» de ese año. Algunos atletas y comentaristas deportivos expresaron su consternación por el premio, pero pronto se encontraron con la desaprobación y el desprecio del público.

A la transexualidad se le llama a menudo «reasignación de género». La idea detrás de estas reasignaciones es que los humanos son simplemente accidentes biológicos, y el género está construido socialmente. Si una persona siente que se le ha asignado un género equivocado, los procedimientos médicos pueden corregir el error. Para mantener esta posición, una persona debe creer que no hay Dios, o que existe pero que es un idiota, de la misma manera que un científico despistado crearía un desastre mezclando los químicos equivocados. La Biblia, sin embargo, presenta a Dios bajo una luz diferente. El salmista escribe:

Tú creaste las delicadas partes internas de mi cuerpo
y me entretejiste en el vientre de mi madre.
¡Gracias por hacerme tan maravillosamente complejo!
Tu fino trabajo es maravilloso, lo sé muy bien.
Tú me observabas mientras iba cobrando forma en secreto,
mientras se entretejían mis partes en la oscuridad de la matriz.
Me viste antes de que naciera.
Cada día de mi vida estaba registrado en tu libro.
Cada momento fue diseñado
antes de que un solo día pasara.
Qué preciosos son tus pensamientos acerca de mí, oh Dios.
¡No se pueden enumerar!

Ni siquiera puedo contarlos;

¡suman más que los granos de la arena!

Y cuando despierto,

¡todavía estás conmigo! (Salmo 139:13-18, RVR1960).

Si fuimos maravillosamente hechos por Dios, y Él no comete errores, entonces, ¿por qué la gente asume que se les ha asignado el género equivocado? Entiendo que hay algunas personas que luchan en esta área, y necesitan una respuesta compasiva, pero no aceptaré que la respuesta sea mutilarse a sí mismo.

La idea de la transexualidad como opción para la expresión sexual es el resultado de mentiras demoníacas que se han implantado a través de traumas, rechazos, pecados u otras puertas abiertas con la intención de confundir y distorsionar la sexualidad humana. El hecho es que no puedes cambiar o reasignar tu género. Lo más cercano que la ciencia moderna puede conseguir es ofrecer meros cambios cosméticos. Un conocido cirujano de cambio de sexo admitió que la eliminación de los genitales masculinos no resulta en la reasignación de una persona de hombre a mujer. Lo mejor que puede hacer es neutralizar a un hombre que de otra manera estaría sano. Cualquier cambio de sexo es solo de nombre. Se puede hacer un cambio, seguro, pero la verdad es que ninguna parte femenina reemplaza a la masculina o viceversa. Aún más triste, el 41 % de los participantes que se someten a cambios quirúrgicos posteriormente intentan suicidarse.[53] Están decepcionados porque el verdadero cambio que creían haber recibido nunca se materializa. En lugar de sentirse sexualmente diferentes, se dan cuenta de que en realidad se han convertido en personas sexualmente muertas. Ninguna cantidad de cirugía u hormonas puede corregir esa sensación.

Una vez más, los cristianos deben responder con verdadera compasión. El diablo está atacando a la gente con estos sentimientos de confusión de género. No saben a dónde acudir o qué hacer. Aún así, como creyentes, debemos mantenernos firmes en la Palabra de Dios (Marcos 8:38). Dios nos ha dado la misión de guiar a la gente hacia la verdad y tomar autoridad sobre el diablo y sus mentiras (Lucas 10:19).

LA VISIÓN BÍBLICA DE LA SEXUALIDAD

La mejor manera de combatir el engaño del diablo es con la verdad de la Palabra de Dios. Antes de la caída de la humanidad como resultado del pecado, la sexualidad era hermosa. El Génesis dice: «Y estaban ambos desnudos, Adán y su mujer, y no se avergonzaban» (Génesis 2:25, RVR1960). Sin embargo, después de la caída, el panorama cambió dramáticamente. En lugar de la belleza, la sexualidad se volvió confusa y pervertida. Génesis da este relato:

> Y oyeron la voz de Jehová Dios que se paseaba en el huerto, al aire del día; y el hombre y su mujer se escondieron de la presencia de Jehová Dios entre los árboles del huerto. Mas Jehová Dios llamó al hombre, y le dijo: ¿Dónde estás tú? Y él respondió: Oí tu voz en el huerto, y tuve miedo, porque estaba desnudo; y me escondí. Y Dios

le dijo: ¿Quién te enseñó que estabas desnudo? ¿Has comido del árbol de que yo te mandé no comieses? (Génesis 3:8-11, RVR1960).

Solo supieron que estaban desnudos después de escuchar la voz de Satanás. Él opera con sigilo, lo que lo hace tanto peligroso como efectivo. Satanás centra sus ataques en nuestra sexualidad, como lo hizo con Adán y Eva, porque sabe que determina nuestro futuro y el de nuestra sociedad y el de muchas generaciones venideras.

Dios está llamando a todas las personas, pero particularmente a los cristianos, a volver al punto de vista bíblico de la sexualidad. ¿Cuáles son entonces los elementos de esta visión bíblica?

1. El matrimonio como una relación de pacto

La Biblia ve la sexualidad dentro de los límites de una relación matrimonial de alianza entre un hombre y una mujer. La palabra hebrea de la que deriva la palabra pacto significa literalmente «corte». En el relato del Génesis, Dios cortó físicamente a Adán y le quitó una costilla para crear a Eva (Génesis 2:22). El acto de Dios creó un vínculo físico permanente entre Adán y su esposa. De manera similar, el pacto matrimonial entre un hombre y una mujer es una relación permanente y sacrificial de bendición. No es ni casual ni temporal. No es egocéntrica ni para autoactualizarse. Más bien, dos personas se unen entre sí y construyen sus vidas alrededor de este pacto. Para que lo hagan con seguridad, el vínculo debe ser permanente. El pacto marital excede un mero contrato y cambia permanentemente la identidad del hombre y la mujer.

EL PACTO MATRIMONIAL ENTRE UN HOMBRE Y UNA MUJER ES UNA RELACIÓN PERMANENTE Y SACRIFICIAL DE BENDICIÓN.

2. El sexo dentro de la relación de pacto

Como Dios pretende que el matrimonio sea un tipo especial de relación, ofrece el sexo entre el esposo y la esposa como el sello sagrado de la alianza y la señal de su matrimonio. El sexo consuma o formaliza la unión matrimonial. Yo lo diría de esta manera: sella el acuerdo. Todos los pactos válidos tienen un sello y un signo. El sexo entre el esposo y la esposa sella el pacto, mientras que la señal del pacto matrimonial es la buena fe continua de la pareja al satisfacer las necesidades sexuales de su cónyuge con energía y con una buena actitud.

Por ejemplo, la circuncisión se convirtió en el sello y la señal del pacto de Abraham con Dios. Del mismo modo, los cristianos se someten al bautismo como sello de su pacto con Jesucristo, y la comunión (la Santa Cena) reconfirma la alianza como una señal continua de buena fe. Los sellos y señales de los pactos son importantes y poderosos actos de obediencia y relación. Dios los bendice poderosamente cuando los honramos. La circuncisión de Abraham fue un recordatorio constante de su relación de pacto con Dios. Este sello se volvió tan significativo que un hombre judío que no llevara la señal sería cortado de su pueblo. También es significativo que esa señal se relacionara con la sexualidad del hombre.

Según el capítulo 2.ª de Colosenses, el bautismo cumple la misma función que la circuncisión en el pacto anterior. A través del bautismo, Cristo purifica y prepara nuestros corazones para una relación con Él. Sella el trato de nuestra profesión de fe en Cristo, ya que nuestro «viejo hombre» es enterrado y somos resucitados a una nueva vida como nuevas criaturas. La Santa Cena nos ayuda a recordar la muerte expiatoria de Jesús y a recordar los beneficios que hemos recibido de su sacrificio. La Santa Cena es la señal de que estamos caminando en buena fe en nuestro compromiso con Él. Libera poderosas bendiciones para nosotros cuando participamos en ella.

Así que el sexo es mucho más que un acto que simplemente nos hace sentir bien. Es el sello del pacto sagrado y la señal de nuestros matrimonios. Y es poderoso. Es el aspecto más especial, espiritual y poderoso de nuestros matrimonios. El apóstol Pablo escribe:

> ¿No sabéis que vuestros cuerpos son miembros de Cristo? ¿Quitaré, pues, los miembros de Cristo y los haré miembros de una ramera? De ningún modo. ¿O no sabéis que el que se une con una ramera, es un cuerpo con ella? Porque dice: Los dos serán una sola carne. Pero el que se une al Señor, un espíritu es con él. Huid de la fornicación. Cualquier otro pecado que el hombre cometa, está fuera del cuerpo; mas el que fornica, contra su propio cuerpo peca. ¿O ignoráis que vuestro cuerpo es templo del Espíritu Santo, el cual está en vosotros, el cual tenéis de Dios, y que no sois vuestros? Porque habéis sido comprados por precio; glorificad, pues, a Dios en vuestro cuerpo y en vuestro espíritu, los cuales son de Dios. (1.ª de Corintios 6:15-20, RVR1960).

Pablo quería que los creyentes en Corinto supieran que el sexo es solo para el esposo y la esposa dentro del pacto del

matrimonio. También les informa que el sexo es espiritual porque son individualmente el templo del Espíritu Santo y uno
con Jesús. Sus cuerpos ya no les pertenecen, sino a Jesús. El
matrimonio es una unión espiritual, y el sexo crea y mantiene
la intimidad más profunda posible cuando lo honramos adecuadamente. Pablo también les hace saber que el sexo es increíblemente poderoso. Es tan fuerte que une a la pareja en una sola
unidad como «uno».

3. El sexo y el vínculo del alma

Cuando una persona tiene relaciones sexuales, su cuerpo
libera cientos de poderosas hormonas y sustancias químicas. La
actividad sexual no solo afecta a nuestros cuerpos físicos, sino
que también tiene un impacto espiritual más profundo. ¿Por qué
es tan peligrosa la promiscuidad sexual? Porque cuando violamos el pacto matrimonial, creamos un peligroso vínculo del
alma con otras personas. Los vínculos del alma en sí mismos no
son peligrosos; algunos son necesarios y hermosos, especialmente aquellos entre el esposo y la esposa. Sin embargo, cuando esos
vínculos nos unen con personas que no son nuestros cónyuges,
creamos un vínculo destructivo.

En el Evangelio de Mateo, Jesús responde a las preguntas de
los fariseos sobre el matrimonio y el divorcio (ver Mateo 19:1-10).
Cuando se le pregunta sobre el divorcio, Jesús les recuerda a los
fariseos que la intención original de Dios para el casamiento es
entre un hombre y una mujer para toda la vida. Insatisfechos

con su respuesta, hacen otra pregunta sobre un hombre que podría querer divorciarse de su esposa: «¿Por qué, pues, mandó Moisés dar carta de divorcio, y repudiarla?» (v. 7). Jesús les dice que Moisés en algunas situaciones concedió el divorcio «por la dureza de vuestro corazón» (v. 8). Finalmente, Jesús les dice que la única justificación aceptable para el divorcio es en el caso de adulterio. La palabra griega para adulterio usada en la traducción original es *porneia*, de la cual obtenemos nuestra palabra pornografía. Significa inmoralidad sexual atroz.

Si un cónyuge comete adulterio, no significa que tenga que divorciarse. Pero si estás casado con alguien que es un engañador empedernido y no se arrepiente, es ciertamente motivo de divorcio. ¿Por qué? Porque el sexo es el sello y la señal sagrada del pacto en la relación matrimonial. Crea una unidad tan profunda entre dos personas que cuando nos involucramos en una relación sexual con alguien que no es nuestro cónyuge, nos comprometemos a nosotros mismos como personas y violamos el núcleo de nuestro vínculo matrimonial.

Nuestras almas son las partes más profundas y sagradas de nuestro ser interior. Cuando nos unimos a otra persona de manera sexual, creamos un poderoso vínculo del alma. En el matrimonio este vínculo es correcto, sagrado y hermoso. Sin embargo, el sexo fuera del matrimonio nos hace comprometer nuestras almas. No importa si una persona está casada o no; si tenemos sexo fuera del matrimonio, estamos creando un peligroso vínculo del alma. No importa si se trata de una aventura a largo plazo o de una cita de cinco minutos. El vínculo sigue existiendo, aunque es mucho peor si se crea una conexión romántica en el proceso.

A menudo comparo esta unión con colocar cinta adhesiva en una alfombra y luego quitarla. Puedes alejarte con toda la cinta, pero llevarás parte de la alfombra contigo. De la misma manera, cuando tienes una relación sexual con otra persona que no sea tu cónyuge, puedes alejarte pero una parte de esa persona permanece contigo. De nuevo, en el matrimonio este vínculo es saludable. Sin embargo, si alguien se involucra en relaciones sexuales en serie, esa persona perderá la capacidad de vincularse con alguien hasta que haya un arrepentimiento y se rompan los lazos del alma. Una de las formas más seguras de comprobar si todavía tienes un vínculo del alma con alguien que no es tu cónyuge es admitir si tienes pensamientos románticos y sexuales crónicos con otras personas, incluyendo novios, novias o excónyuges. O puede ser que tengas la incapacidad de centrarte en tu cónyuge y crear intimidad, a pesar de tu actividad sexual. El lazo del alma debe romperse para que puedas seguir adelante.

(En mi libro *Las cuatro leyes del amor*, hablo en profundidad sobre cómo romper los lazos del alma en mi capítulo sobre «La verdadera intimidad sexual»).

Como dije antes, esta generación se enfrenta a problemas serios y novedosos en cuanto a la moralidad sexual que la gente en épocas anteriores nunca podría haber imaginado. Los lazos del alma relacionados con la pornografía y las fantasías lujuriosas también pueden ocurrir. De hecho, en algunos casos, son mucho peores. La sexualidad basada en la fantasía está siempre presente y es idealista. Algunas personas se han vuelto tan adictas a los personajes pornográficos y de fantasía que los visualizan incluso cuando tienen sexo con sus cónyuges. Estos lazos del alma también deben ser cortados.

LA RESPUESTA DE DIOS A LA INMORALIDAD SEXUAL

Se acerca el momento en que Dios ya no permitirá que la inmoralidad sexual corra desenfrenada. Así como el juicio vino en los días de Noé y Lot, Dios pronto intervendrá. Mientras tanto, los creyentes deben examinarse a sí mismos. ¿Estamos viviendo de acuerdo con el diseño de Dios para nuestra sexualidad? Ahora es el momento de abordar estos pecados para que estemos listos cuando Él regrese. ¿Cuál es la respuesta de Dios al pecado sexual y a los vínculos inapropiados del alma?

- Si hay un pecado sexual en tu vida, *arrepiéntete* de él y recibe perdón. El arrepentimiento significa que aunque estabas yendo en una dirección, haces un giro para retomar el camino de Dios. El apóstol Juan nos recuerda: «Si confesamos nuestros pecados, él es fiel y justo para perdonar nuestros pecados, y limpiarnos de toda maldad» (1.ª de Juan 1:9, RVR1960).

- *Si alguien ha pecado contra ti,* perdona y bendice a esa persona hasta que tu corazón haya quedado sano. Los vínculos del alma pueden incluso suceder en el caso de un abusador. Causarán un tormento duradero hasta que los rompas. No te digo que perdones el abuso, sino que perdones y sigas adelante, por tu propio bien. Jesús dijo: «Pero a vosotros los que oís, os digo: Amad a vuestros enemigos, haced bien a los que os aborrecen; bendecid a los que os maldicen, y orad por los que os calumnian» (Lucas 6:27-28, RVR1960).

- Si has participado en una *conducta pecaminosa, confiésala* a tu cónyuge o a otro creyente maduro y de confianza. Pídele oración y apoyo. El apóstol Santiago dijo a los creyentes: «Confesaos vuestras ofensas unos a otros, y orad unos por otros, para que seáis sanados» (Santiago 5:16, RVR1960).

- *Corta el contacto* con la persona o personas con las que hayas compartido vínculos del alma impropios. Si debes tener contacto por razones legales, deberes laborales, custodia parental compartida, o algo de esa naturaleza, entonces asegúrate de que tus interacciones sean apropiadas y honren a Dios. Elimina todos los recuerdos, fotografías, cartas u otros objetos que te recuerden de esa relación. Una vez que hayas cortado el lazo, no vuelvas de nuevo a esa persona.

- Como sucede a menudo, puede venir a tu mente la persona con la que has cortado el contacto. Incluso puedes tener tentaciones relacionadas con ese individuo. En el caso de que estos pensamientos o sentimientos ocurran, lleva tus pensamientos cautivos (2.ª de Corintios 10:5). En otras palabras, detente antes de ir muy lejos. Confiesa inmediatamente tu lucha al Señor y a otro creyente maduro y de confianza y arrepiéntete de cualquier pensamiento impuro o pecaminoso. Luego reemplaza esos pensamientos. Si estás casado, dite a ti mismo: *Estoy comprometido con mi cónyuge y pondré mis pensamientos en mi cónyuge. Ya no ocuparé mis pensamientos en alguien con quien no debería tener una relación romántica o sexual. Eso no es lo mejor para mí, y me niego a escuchar la voz de la tentación, ya sea nacida de mi propia carne o de las mentiras del diablo.* Una vez que hayas hecho esa confesión positiva, llena tu mente y tu corazón con las verdades de la Palabra de Dios.

- *Corta el vínculo del alma* en el nombre de Jesús. Considera pedirle a otro creyente maduro que ore contigo. Pídele al Espíritu Santo que te santifique, te separe y te limpie ante Dios. Dile al Espíritu Santo que recibes su sanidad para tu alma; está disponible si quieres recibirla.

- Acuerda con el Señor Jesús que dedicarás *tu cuerpo y tu alma* solo a Él y a tu cónyuge. Si lo has hecho, recuerda que ni tu cuerpo ni tu alma están disponibles para nadie más. Vuelve a comprometerte y restaura la santidad de tu pacto sexual con Dios y tu cónyuge.

- *Ora con tu cónyuge* sobre tu relación sexual. Sé honesto y abierto tanto con tu cónyuge como con Dios. Él te dará los recursos que necesitas para enfrentar la tentación y restaurará la santidad de tu pacto sexual, pero debes permitirle entrar en esa área de tu vida.

Este proceso no siempre es simple o fácil. Puede que tengas que repetirlo a menudo y durante un período de tiempo, dependiendo de la severidad del vínculo del alma. ¿Por qué es tan importante este tema y cómo se relaciona con el final de los tiempos? Es un tema vital para ti porque el sexo es extremadamente especial y la parte más poderosa de una relación matrimonial como señal y sello. Consuma la relación y reconfirma los votos que has hecho. Tiene el poder de liberar bendiciones para el bien y consecuencias para el mal. Jesús vendrá pronto, y nos dijo que en los días de su regreso sería como en los días de Noé y Lot. Esto es exactamente lo que estamos viendo hoy y aún peor. Pero como Noé y Lot, no debemos participar en los pecados de nuestra generación. En cambio, debemos vivir para Dios y ser una novia casta para Él cuando regrese.

LA TECNOLOGÍA EN UN PUNTO DE QUIEBRA

8

SILICON VALLEY SE ENCUENTRA CON LA BIBLIA

Quiero empezar este capítulo con un recordatorio muy importante. Primero, las buenas noticias: Dios tiene el control, no el diablo. Segundo, Jesús viene, y nadie en la tierra puede detenerlo. Jesús dijo: «Cuando estas cosas comiencen a suceder, erguíos y levantad vuestra cabeza, porque vuestra redención está cerca» (Lucas 21:28, RVR1960). Así que mientras escribo sobre las señales del fin de los tiempos, aférrate al mensaje más importante: Jesús está en camino, y pronto veremos nacer el Reino de Dios en esta tierra con Jesús como su Gobernante Supremo. Todo esto es buenas noticias. Sin embargo, quiero que reconozcas que ahora mismo estamos viviendo en un momento muy severo. La Biblia dice que esta será una época de capacidades tecnológicas humanas únicas, diferente a cualquier otra generación que la preceda. Considera lo que has presenciado solo en la última década, y reconocerás la velocidad a la que todo esto está sucediendo.

CUATRO AVANCES TECNOLÓGICOS

La Biblia habla de la tecnología mucho más de lo que mucha gente reconoce. Quiero hablarte de cuatro avances tecnológicos significativos que la Biblia profetiza que ocurrirán en los últimos días.

1. El aumento de los viajes y la ciencia

El ángel le dijo esto al profeta Daniel:

Pero tú, Daniel, cierra las palabras y sella el libro hasta el tiempo del fin. **Muchos correrán de aquí para allá, y la ciencia se aumentará** (Daniel 12:4, RVR1960, énfasis añadido).

El ángel le dijo a Daniel que sellara el libro porque nadie lo entendería hasta el final de los tiempos. Entonces Daniel aprendió que llegando al fin «muchos correrán de aquí para allá, y la ciencia se aumentará». ¿Qué significa esto? Tanto los viajes como la ciencia aumentarán. ¿Eso se aplica a nuestra generación? ¡Claro que sí! Hace cientos de años, una persona promedio solo podía recorrer de 20 a 40 millas en un solo día, ya sea a pie o a caballo. Ocasionalmente, Karen y yo vamos tan lejos para la cena.

JESÚS ESTÁ EN CAMINO, Y
PRONTO VEREMOS NACER
EL REINO DE DIOS EN ESTA
TIERRA CON JESÚS COMO SU
GOBERNANTE SUPREMO.

Uno de mis amigos cuenta el *shock* cuando sus abuelos le dijeron a sus padres que tomarían un trabajo y se mudarían a siete millas al borde del condado. Sus padres actuaron como si se estuvieran mudando al otro lado del mundo. Hoy en día, los hijos de muchas personas viven en el otro lado del mundo, y no es muy inusual. Pero hace un siglo, se habría visto con la misma fascinación que los viajes espaciales reciben hoy en día. La gente no podía viajar casualmente en aquel entonces. Si abordaban una nave y tenían vientos favorables, podrían haber sido capaces de viajar 100 o 200 millas en un solo día.

Luego, en el siglo XIX, el viaje en tren llegó y se hizo común, lo que aumentó bastante la movilidad. A principios del siglo XX, los coches y luego los autobuses revolucionaron los viajes. Decenas de kilómetros se convirtieron en cientos. En la década de 1960, la persona promedio comenzó a viajar en avión. En la actualidad, la mayoría de las personas han viajado en avión a algún destino, y muchos han volado a otros países. Si pudiera reunir un porcentaje de mis lectores que hayan viajado internacionalmente en el último año, las cifras serían asombrosas. Si hiciera esa pregunta hace 200 años, la mayoría de ellos ni siquiera estarían en casa todavía. Ahora viajamos extensamente, e incluso estamos aprendiendo que los viajes espaciales comerciales pueden estar disponibles en los próximos años o décadas. Así que, sí, hemos visto a la gente ir de un lado a otro en nuestra generación. La profecía de Daniel se ha hecho realidad en nuestro tiempo.

¿Cómo ha cambiado la ciencia durante nuestra vida? En 1982 Buckminster Fuller desarrolló la Curva de Duplicación del Conocimiento. Calculó que hasta 1900, el conocimiento humano se duplicaba aproximadamente cada siglo. Para la Segunda Guerra Mundial, un tsunami de la ciencia impactó al mundo, aumentando la tasa de duplicación a aproximadamente cada 25 años. Mientras la ciencia se mantuviera a un ritmo constante, era manejable incluso con desafíos ocasionales. El verdadero desafío se produce cuando la tasa de aumento de la ciencia se vuelve exponencial. En 2020 IBM estima que la tasa de duplicación del conocimiento aumentará a una vez cada 12 horas.[54]

¿Por qué se está produciendo este fenomenal aumento de la ciencia? Hay varias razones. El Internet ha revolucionado todas nuestras vidas. ¿Has notado el pánico cuando los adolescentes (o incluso los adultos) pierden la conectividad Wi-Fi? Dentro del próximo año habrá hasta cincuenta mil millones de dispositivos interconectados en el planeta. Estos dispositivos contienen más datos de los que los humanos han creado por sí mismos. El análisis moderno de datos, junto con la tecnología informática, permite a los gobiernos, las empresas y las organizaciones reunir datos y descubrir nuevos conocimientos que nunca habrían estado disponibles ni siquiera hace una década. Los nuevos inventos y descubrimientos han aumentado con una velocidad asombrosa. Según la Oficina de Patentes de los Estados Unidos, el número de patentes anuales ha aumentado de 48.971 en 1963 a 339.993 en 2018.[55]

Y así hemos experimentado un dramático aumento de la ciencia y un mayor acceso a los viajes en nuestros días que asombraría a nuestros antepasados. La profecía de Daniel se ha cumplido en nuestra vida. Si el regreso de Cristo se retrasa unos pocos años más, estaremos tan sorprendidos como los viajes y la tecnología siguen evolucionando.

2. Información global instantánea

Cuando digo que el segundo avance tecnológico en la profecía bíblica es el advenimiento de la televisión satelital global y el Internet, podrías preguntarte: *«¿Será que Jimmy me está diciendo que la televisión satelital y el Internet están en la Biblia?».* Lo creas o no, ¡lo estoy! Solo lee este pasaje del Apocalipsis de Juan:

> Estos testigos son los dos olivos, y los dos candeleros que están en pie delante del Dios de la tierra. Si alguno quiere dañarlos, sale fuego de la boca de ellos, y devora a sus enemigos; y si alguno quiere hacerles daño, debe morir él de la misma manera. Estos tienen poder para cerrar el cielo, a fin de que no llueva en los días de su profecía; y tienen poder sobre las aguas para convertirlas en sangre, y para herir la tierra con toda plaga, cuantas veces quieran.

> Cuando hayan acabado su testimonio, la bestia que sube del abismo hará guerra contra ellos, y los vencerá y los matará. Y sus cadáveres

JIMMY EVANS

estarán en la plaza de la grande ciudad que en sentido espiritual se llama Sodoma y Egipto, donde también nuestro Señor fue crucificado. Y los de los pueblos, tribus, lenguas y naciones verán sus cadáveres por tres días y medio, y no permitirán que sean sepultados. Y los moradores de la tierra se regocijarán sobre ellos y se alegrarán, y se enviarán regalos unos a otros; porque estos dos profetas habían atormentado a los moradores de la tierra. (Apocalipsis 11:4-10, RVR1960).

Los dos testigos que el apóstol Juan ve en su visión son Enoc y Elías, que mencioné brevemente en capítulos anteriores. Algunos maestros de la Biblia creen que los dos testigos son Moisés y Elías, y podrían tener razón. Pero yo creo que son Enoc y Elías porque son los únicos dos hombres del Antiguo Testamento que no murieron. En cambio, fueron llevados vivos por Dios al cielo. Juan dice que volverán a vivir en la tierra antes de ser finalmente asesinados por el Anticristo. Entonces sus cadáveres yacerán en las calles de Jerusalén durante tres días y medio.

Mucha gente conoce a John Hagee, el pastor principal de la Iglesia Cornerstone en San Antonio, Texas. Su padre, William Bythel Hagee, también fue un predicador. En los años 1920 y 1930, William predicó sobre el fin de los tiempos, más de una década antes de que Israel se convirtiera en una nación moderna. Él predicaba: «El fin no puede llegar hasta que Israel sea una nación, y todo el mundo pueda ver lo mismo al mismo tiempo». Sus oyentes debieron pensar que era un pronunciamiento

173

inusual. ¿Cómo es posible que el mundo entero sea testigo del mismo evento al mismo tiempo?

Por supuesto, el argumento de William habría sido imposible en ese momento, pero rápidamente se adelantó a casi 100 años más tarde. No solo es Israel una nación de nuevo, sino que gracias al acceso a la televisión por satélite y el Internet, también podemos ver eventos transmitidos en vivo a nuestras salas de estar y teléfonos inteligentes al mismo tiempo que todos los demás en el mundo. Si estos dos testigos son asesinados y sus cuerpos yacen en las calles, hoy todo el mundo puede verlos al mismo tiempo. El apóstol Juan dice que serán asesinados y la gente de todo el mundo lo verán al mismo tiempo, lo celebrará e incluso se enviarán regalos. ¡Sabes que eres impopular cuando la gente envía regalos cuando mueres!

Cuando el poder del Anticristo esté en alza, Enoc y Elías serán como una espina en su costado. Predicarán el evangelio y testificarán de la grandeza de Dios, y señales y maravillas sobrenaturales les seguirán. Entonces el Anticristo matará a los dos hombres de Dios porque los odiará mucho. Luego, Juan dice: «Pero después de tres días y medio entró en ellos el espíritu de vida enviado por Dios, y se levantaron sobre sus pies, y cayó gran temor sobre los que los vieron» (Apocalipsis 11:11, RVR1960). Dios va a resucitarlos, y los dos profetas ascenderán al cielo. A lo largo de todos estos eventos, el mundo entero será testigo de lo mismo al mismo tiempo. Esa tecnología está presente y fácilmente disponible en este momento.

3. Control financiero mundial

Durante la Tribulación el Anticristo tendrá poder militar, pero el método principal que utilizará para controlar el mundo es a través del poder financiero. Juan escribe:

Después vi otra bestia que subía de la tierra; y tenía dos cuernos semejantes a los de un cordero, pero hablaba como dragón. Y ejerce toda la autoridad de la primera bestia en presencia de ella, y hace que la tierra y los moradores de ella adoren a la primera bestia, cuya herida mortal fue sanada. También hace grandes señales, de tal manera que aun hace descender fuego del cielo a la tierra delante de los hombres. Y engaña a los moradores de la tierra con las señales que se le ha permitido hacer en presencia de la bestia, mandando a los moradores de la tierra que le hagan imagen a la bestia que tiene la herida de espada, y vivió. Y se le permitió infundir aliento a la imagen de la bestia, para que la imagen hablase e hiciese matar a todo el que no la adorase. Y hacía que a todos, pequeños y grandes, ricos y pobres, libres y esclavos, se les pusiese una marca en la mano derecha, o en la frente; y que ninguno pudiese comprar ni vender, sino el que tuviese la marca o el nombre de la bestia, o el número de su nombre.

Aquí hay sabiduría. El que tiene entendimiento, cuente el número de la bestia, pues es número de hombre. Y su número es seiscientos sesenta y seis (Apocalipsis 13:11-18, RVR1960).

Mientras el mundo esté comerciando con dinero físico, es imposible para cualquier gobierno, institución o individuo controlar completamente su flujo. Sin embargo, si alguien puede crear una sociedad sin dinero, entonces el control puede mantenerse a través de un punto central de datos electrónicos. Somos la primera generación del mundo con un sistema electrónico central, que una persona podría controlar en última instancia. Es cierto que múltiples servidores, sistemas y bancos de datos alimentan un solo sistema, pero todos están interconectados (o si no, la tecnología está disponible para hacerlo).

No hace mucho tiempo, estaba al teléfono con una de las compañías de tarjetas de crédito que uso. Karen y yo teníamos un problema con una de nuestras tarjetas de crédito. El agente del otro lado finalmente dijo: «Bien, Sr. Evans. Ya está hecho». ¿Comprendes el significado de esa breve respuesta? El representante de la compañía quiso decir que la acción se aplicó en ese mismo momento. Mientras estaba al teléfono, el agente hizo un ajuste en nuestra cuenta, y ocurrió en tiempo real. He estado en todo el mundo y he usado mi tarjeta de crédito. Con solo deslizar mi tarjeta o con la inserción del chip, mi tarjeta es cobrada, y la venta se registra en pocos segundos. Ahora puedo simplemente acercar mi móvil o tarjeta al punto de venta. Esta tecnología aún no está disponible en todas partes, pero pronto lo estará.

La tecnología de los chips se extiende mucho más allá de las tarjetas de crédito. Mucha gente usa esta tecnología en sus mascotas. El VeriChip es una tecnología más reciente. Es un chip de identificación inyectable del tamaño de un grano de arroz y se inserta debajo de la piel para proporcionar una verificación biométrica. Puede contener tecnología y datos, incluyendo un número de identificación, una bobina electro-magnética para transmitir datos y un condensador de sintonía. Sus componentes están encerrados dentro de un contenedor de silicio y vidrio, que es compatible con el tejido biológico. Los chips ya no se usan simplemente para encontrar mascotas perdidas. En el uso humano pueden ser vinculados a la información contenida en bases de datos externas, que incluyen identificación personal, historia criminal e información médica. Estos chips, que usan tecnología de transmisión inalámbrica (RFID) pueden ser leídos por un escáner a una distancia de hasta cuatro pies.[56]

Con un chip, cualquiera podría tener acceso a los datos sobre ti a través de un banco de datos centralizado. Este podría incluir toda tu información médica y financiera. Se puede implantar en tu brazo, en tu mano, o incluso en tu frente. Escribo esto para recordarte que la Biblia dice que habrá algún tipo de identificación en los cuerpos de las personas que quieran comprar o vender. Si la Tribulación comenzara hoy, la tecnología ya está disponible para rastrear y mantener los datos de cada persona en el mundo. Este tipo de tecnología sobre la que estoy escribiendo no existía hace un siglo. Nuestra generación es la primera que experimenta este tipo de avance tecnológico que la Biblia dice que estará disponible en la Tribulación.

Cualquiera que sea la forma que tome la marca de la bestia, este será un mundo en el que la Iglesia ha sido quitada de en medio y el diablo encarnado está a cargo. Si la gente que se queda se niega a recibir la marca en sus frentes o manos, entonces no podrán realizar transacciones comerciales. Aún así, el significado de recibir la marca no es solo para darles el poder de comprar o vender. El propósito de la marca es asegurarse de que se ajusten a las ideologías impías de la bestia, y por eso este pecado es imperdonable.

Aunque la Iglesia haya sido arrebatada y esté en el cielo en la Cena de las Bodas del Cordero, todavía habrá gente en la tierra que tendrá la oportunidad de ser salva. Estas personas serán perseguidas más allá de lo que cualquier generación haya visto, empezando por no poder comprar o vender si rechazan la marca. El principal poder que el Anticristo tendrá sobre el mundo será financiero.

Incluso ahora, al presenciar o experimentar las presiones financieras que las fuerzas impías están ejerciendo para promover sus creencias impías, están siendo testigos del espíritu del Anticristo en acción. No se detendrá hasta que esté en completo control del mundo y la gente en todas partes lo adore como Dios. Vivimos en un momento crítico en el que los creyentes deben ser fuertes y no doblar las rodillas ante estas fuerzas. Debemos defender los valores bíblicos y ser fieles a nuestro compromiso con Cristo.

De nuevo, no sé personalmente cuál será la marca de la bestia. He leído y oído muchas teorías, y probablemente tú también has leído algunas. Esto es lo que dice la Biblia:

Y el tercer ángel los siguió, diciendo a gran voz: Si alguno adora a la bestia y a su imagen, y recibe la marca en su frente o en su mano, él también beberá del vino de la ira de Dios, que ha sido vaciado puro en el cáliz de su ira; y será atormentado con fuego y azufre delante de los santos ángeles y del Cordero; y el humo de su tormento sube por los siglos de los siglos. Y no tienen reposo de día ni de noche los que adoran a la bestia y a su imagen, ni nadie que reciba la marca de su nombre (Apocalipsis 14:9-11, RVR1960).

Una vez más, la Iglesia que hoy está sobre la tierra no estará aquí durante ese tiempo. Pero quienquiera que permanezca en la tierra y reciba la marca, para esa persona es un pecado imperdonable. Garantizará una eternidad en el infierno.

4. Ingeniería de los seres humanos

¿Quién puede olvidar las espectaculares escenas de la película de 1993, *Parque Jurásico*? La mayoría de los cinéfilos quedaron tan cautivados con los espectaculares paisajes y la interpretación de los dinosaurios por parte del director que se perdieron cómo la película es realmente una crítica de la ingeniería genética. El difunto Michael Crichton, el autor en cuyo libro se basa la película, se formó en la escuela de medicina. Muchas de sus novelas abordan las crisis contemporáneas de la tecnología biomédica. En una escena de la película, el Dr. Ian Malcolm (interpretado por Jeff Goldblum) se dirige a la conciencia de la comunidad científica: «A sus científicos les preocupaba tanto si podían o no podían hacerlo que no se pararon a pensar si debían». En una expresión similar de preocupación, el Dr. Malcolm entrega un guion que resume toda la película: «Dios crea los dinosaurios. Dios destruye los dinosaurios. Dios crea al hombre. El hombre destruye a Dios. El hombre crea los dinosaurios».[57]

De todos los avances tecnológicos modernos, creo que el más preocupante es el campo de la ingeniería genética, específicamente la ingeniería genética *humana*. Al igual que en otras áreas del conocimiento humano, la tecnología en el campo de la genética y la ingeniería genética está aumentando rápidamente. La modificación genética humana manipula directamente el genoma humano usando técnicas de ingeniería molecular, a veces llamadas «edición de genes». Los científicos han dividido la modificación genética en dos tipos: somática y línea germinal.

Según el Center for Genetics and Society, la modificación somática «añade, corta o cambia los genes de algunas de las células de una persona existente, típicamente para aliviar una condición médica».[58] Sin embargo, estos tratamientos, aunque disponibles en algunas situaciones, también son muy costosos. La modificación de la línea germinal, por otro lado, se dirige a potenciales condiciones médicas en el óvulo, el espermatozoide o el embrión temprano. Estos son genes heredados, que los científicos intentan modificar antes o después de la concepción. «Estas alteraciones aparecerán en cada célula de la persona que se desarrolló a partir de ese gameto o embrión, y también en todas las generaciones posteriores».[59]

Los científicos y los éticos médicos se han mantenido alejados de las modificaciones de la línea germinal por motivos de seguridad, éticos y sociales. De hecho, más de 40 países prohíben la edición de la línea germinal, al igual que un tratado internacional del Consejo de Europa. Aún así, en enero de 2014, la revista *Forbes* publicó: «La era de los humanos genéticamente alterados podría comenzar este año».[60] Esa declaración fue un poco prematura. En noviembre de 2018, He Jiankui, un investigador de biofísica chino anunció que había editado los genes de las niñas gemelas antes de su nacimiento para hacerlas más resistentes al VIH. La comunidad científica respondió refiriéndose a la «experimentación temeraria»[61] como «monstruosa» y «poco ética». En diciembre de 2019, Jiankui recibió una sentencia de tres años de prisión y una alta multa.[62]

La mayoría de las objeciones de los científicos y los éticos se basan en el miedo a la eugenesia basada en el mercado, lo que significa que la gente podría pagar por los tipos de humanos que quieren crear. Podemos tener bebés de diseño. A diferencia de permitir que la naturaleza siga su curso, los padres pronto podrán elegir el sexo, la altura, el color del pelo y otros atributos de sus hijos antes de que sean concebidos o nazcan. Para algunos de nosotros que somos mayores, saber el género de un niño y tener una fiesta de revelación de género parece un poco nuevo y extraño. Solo hay que esperar a que los futuros padres puedan ir a un consultorio médico, sentarse y decir: «Queremos que este bebé sea inteligente. Queremos que este bebé sea alto. No queremos que este bebé tenga ninguna enfermedad. Aquí están las enfermedades de nuestra familia. Entra ahí y cambia la genética y borra todo esto». Los humanos serán capaces de jugar a ser Dios de algunas maneras asombrosas. Pero para parafrasear lo que el personaje de Jeff Goldblum dice en *Parque Jurásico:* «A sus científicos les preocupaba tanto si podían o no podían hacerlo que no se pararon a pensar si debían».

Otro avance preocupante en la ingeniería humana es el campo de la clonación humana. La definición más simple es que la clonación es el proceso de creación de un organismo idéntico sin la participación de la reproducción basada en el sexo. Soy originario de Amarillo, Texas, que fue la sede de la American Quarter Horse Association. Si sabes algo sobre los propietarios de caballos, entiendes que la reproducción es una preocupación importante. Cuando los criadores de caballos quieren un nuevo potro, investigan las líneas de sangre de la familia y otras características genéticas. Pero todo eso ha cambiado en los últimos años. Algunos han clonado caballos de cuarto de milla y quieren registrarlos en la Asociación. Los clones están prohibidos desde 2004, pero recientemente ha habido acciones legales sobre si la Asociación se verá obligada a levantar esa prohibición.[63]

Si es posible clonar animales, la siguiente pregunta es ¿qué pasa con los humanos? Se han utilizado varias justificaciones para introducir la clonación humana en la comunidad científica. Una de ellas es que ofrece a la humanidad un paso audaz hacia la inmortalidad. Una vez más, se trata de un esfuerzo humano para actuar en lugar de Dios. Me referiré una vez más al Dr. Malcolm de *Parque Jurásico*. Nuestros esfuerzos por reemplazar a Dios en la creación de los humanos están condenados al fracaso. Solo hay una forma de asegurar la inmortalidad, y es a través de abrazar a Dios, no reemplazándolo.

Lo más parecido a la clonación es el desarrollo de híbridos humano-animales. Para 2011 los laboratorios genéticos del Reino Unido habían producido más de 150 híbridos.[64] En junio de 2019, el gobierno japonés aprobó los primeros experimentos con embriones humano-animales con la esperanza de utilizar los híbridos resultantes para cosechar órganos para el trasplante humano.[65] Encuentro estos nuevos desarrollos muy perturbadores. La mayor parte de esta investigación es de relativamente baja tecnología y puede hacerse en todo el mundo. La semilla humana se está introduciendo ahora en los animales. No sabemos cuáles serán los resultados, pero a lo largo de la historia del mundo, nada de esto ha sucedido hasta ahora.

Por último, y lo peor de todo, es el intento humano del transhumanismo. Esta manipulación científica intenta modificar genéticamente a los humanos y crear una nueva superraza para una variedad de propósitos. Quiero recordarte de nuevo lo que dije al principio de este capítulo: Dios está en control, y Jesús está viniendo. No lo olvides.

Mucha gente está familiarizada con el Capitán América de Marvel. En esta historia Steve Rogers es un soldado menos que estelar que se somete a un procedimiento bioquímico que lo convierte en un espécimen sobrehumano y en una supermáquina de combate. Sus heroicos esfuerzos contribuyen en última instancia a la derrota del Tercer Reich y a una misteriosa conspiración global aún más siniestra que los propios nazis. Si has leído los cómics o visto las películas sobre el Capitán América, probablemente lo consideraste una entretenida fantasía sin base en la realidad. Sin embargo, en los últimos años, algunas agencias científicas se han dedicado a la investigación de la modificación genética que permitirá a los seres humanos lograr lo que hoy se consideraría una hazaña sobrehumana.

Aunque la información está fuertemente custodiada, algunos medios de comunicación han informado que el gobierno de EE. UU. está involucrado en algunas de estas investigaciones, en particular para reforzar las capacidades físicas de las fuerzas de combate de EE. UU. Escuché al ex Secretario de Defensa Chuck Hagel decir en un discurso público, «Rusia y China también están haciendo esto en conjunto, y ahora mismo es una carrera armamentista entre nosotros y China y Rusia para ver quién puede desarrollar esto primero». Este es un momento importante en la historia, y está sucediendo ahora. En la conferencia de Exponential Finance de 2015 en Nueva York, el director de ingeniería de Google, Ray Kurzweil, dijo audazmente: «Los humanos serán híbridos para el 2030».

Esto significa que nuestros cerebros podrán conectarse directamente a la nube, donde habrá miles de computadoras, y esas computadoras aumentarán nuestra inteligencia existente. Dijo que el cerebro se conectará a través de nanobots, diminutos robots hechos de cadenas de ADN. «Nuestro pensamiento entonces será un híbrido de pensamiento biológico y no biológico».[66]

Los dedicados transhumanistas se han referido a la fusión de la humanidad y la tecnología como «la singularidad».[67] En solo unos pocos decenios más, los transhumanistas prevén una nueva era para la humanidad, que incluirá desarrollos tecnológicos implantados en los cerebros humanos y en el sistema musculoesquelético. Cualquiera que se niegue a aceptar esta nueva realidad será considerado «subhumano». No serán tan inteligentes o fuertes y serán susceptibles a varias enfermedades, a diferencia de sus homólogos transhumanos.

LA RESPUESTA DEL CREYENTE A LOS AVANCES TECNOLÓGICOS

Quiero terminar este capítulo como lo empecé. Dios tiene el control, y el diablo no. Jesús viene, y nadie en la tierra puede detenerlo. Sí, estos avances son interesantes y alarmantes, pero no dejes que la tecnología humana te distraiga de la superioridad de Dios. Dios sabía de estas cosas desde el principio. Mientras los humanos se mueven hacia el futuro a la velocidad del rayo, recuerda que Dios también es el Señor del futuro. En el próximo capítulo trataré lo que la Biblia tiene que decir sobre nuestro lugar en el mundo y cómo los cristianos deben responder a la manipulación de la genética humana.

9

CUANDO HAY GIGANTES EN LA TIERRA

Mucho de lo que escribiré en este capítulo es absolutamente, innegablemente cierto, y lo sé. Otras cosas que creo que son verdaderas, pero solo el tiempo lo dirá. No voy a engañarte, sin embargo. Creo que todo es la verdad tal y como la conozco hoy. Si no estás de acuerdo con todo lo que escribo aquí, no te alteres. Aguanta porque lo encontrarás interesante. Prometo que haré una declaración muy importante al final del capítulo que lo unirá todo.

¿QUIÉNES SON LOS GIGANTES?

Esto es lo que Dios le dijo a Satanás, que tenía la forma de una serpiente, después de que Adán y Eva pecaran:

«Por causa de lo que has hecho,
¡maldita serás entre todos los animales,
tanto domésticos como salvajes!
Te arrastrarás sobre tu vientre,
y comerás polvo todos los días de tu vida.

Pondré enemistad entre tú y la mujer,
y entre tu simiente y la de ella;
su simiente te aplastará la cabeza,
pero tú le morderás el talón» (Génesis 3:14-15, NVI).

Dios le dijo a la serpiente que como llevó a la pareja humana al pecado, tendría que arrastrarse sobre su vientre. Entonces el Señor declaró una guerra de semillas entre la semilla del diablo y la semilla de Dios.

Unos capítulos más tarde, la guerra tomó un nuevo giro:

Aconteció que cuando comenzaron los hombres a multiplicarse sobre la faz de la tierra, y les nacieron hijas, que viendo los hijos de Dios que las hijas de los hombres eran hermosas, tomaron para sí mujeres, escogiendo entre todas.

Y dijo Jehová: No contenderá mi espíritu con el hombre para siempre, porque ciertamente él es carne; mas serán sus días ciento veinte años. Había gigantes en la tierra en aquellos días, y también después que se llegaron los hijos de Dios a las hijas de los hombres, y les engendraron hijos. Estos fueron los valientes que desde la antigüedad fueron varones de renombre.

Y vio Jehová que la maldad de los hombres era mucha en la tierra, y que todo designio de los pensamientos del corazón de ellos era de continuo solamente el mal. Y se arrepintió Jehová de haber hecho hombre en la tierra, y le dolió en su corazón. Y dijo Jehová: Raeré de sobre la faz de la tierra a los hombres que he creado, desde el hombre hasta la bestia, y hasta el reptil y las aves del cielo; pues me arrepiento de haberlos hecho. (Génesis 6:1-7, RVR1960).

El Génesis dice que tanto antes como después del Diluvio, hubo gigantes en la tierra. La palabra hebrea que se usa aquí para «gigantes» es la palabra *nephilim*, que significa «los caídos». La Biblia dice que los hijos de Dios tuvieron relaciones sexuales con las hijas de los hombres, y tuvieron hijos, que se conocieron como los caídos, o gigantes. Estos seres eran muy diferentes de los humanos que descendieron directamente de Adán y Eva. Entonces, ¿quiénes son estos hijos de Dios que menciona Génesis?

A lo largo de la historia hebrea y cristiana, muchos estudiosos creen que el Génesis se refería a los ángeles caídos. En el libro pseudopigráfico de Enoc, el escritor dice que 200 ángeles descendieron sobre el Monte Hermón. Luego se juraron mutuamente que poblarían la tierra teniendo relaciones con mujeres humanas. Por cierto, el Monte Hermón en hebreo significa «el monte del juramento». También nota que, en el capítulo 3 de Deuteronomio, cuando los hijos de Israel llegaron a la Tierra Prometida, al pie del Monte Hermón había una raza de gigantes a quienes Dios le dijo a los hebreos que destruyeran. Goliat y todos sus parientes descenderían más tarde de esos gigantes.

Considera estos pasajes del libro de Job:

Un día vinieron a presentarse delante de Jehová los hijos de Dios, entre los cuales vino también Satanás. Y dijo Jehová a Satanás: «¿De dónde vienes?» Respondiendo Satanás a Jehová, dijo: «De rodear la tierra y de andar por ella» (Job 1:6-7, RVR1960).

EN TÉRMINOS BÍBLICOS LOS HUMANOS SON A IMAGEN DE DIOS, Y LOS GIGANTES SON A IMAGEN DE SATÁN.

Aconteció que otro día vinieron los hijos de Dios para presentarse delante de Jehová, y Satanás vino también entre ellos presentándose delante de Jehová (Job 2:1, RVR1960).

Una cosa que podemos saber con certeza es que los hijos de Dios vinieron junto con el propio Satán para ver a Dios. Satanás es un ángel caído que se hace compañía con los ángeles caídos.

Muchos estudiosos de la Biblia han visto esta raza de gigantes como la descendencia de ángeles caídos que se aparearon con mujeres humanas para crear una raza híbrida. Puede que no estés de acuerdo con esa valoración, lo cual está bien. Añadiré que no hay ninguna referencia a que un gigante bíblico haya amado a Dios, así como tampoco hay ninguna referencia a que Dios haya favorecido a un gigante. La única certeza es que cada vez que la Biblia menciona a los gigantes, están en guerra con Dios y Dios con ellos. Dios los destruyó completamente cada vez que existieron en la Biblia. Dios los destruyó en el Diluvio, y luego instruyó a los hijos de Israel para librar a la tierra de ellos bajo Josué.

¿Por qué Dios quiso destruir a los gigantes? Después de todo, Él ama a los humanos sin medida. Sin embargo, los gigantes bíblicos *son* diferentes. No son humanos en el sentido de ser descendientes puros y directos de Adán y Eva. En términos bíblicos los humanos son a imagen de Dios, y los gigantes son a imagen de Satanás. Esta es mi posición personal, pero es una posición estudiada.

La Biblia se refiere repetidamente a las rarezas físicas de estas criaturas.

> Después hubo otra guerra en Gat, donde había un hombre de gran estatura, el cual tenía doce dedos en las manos, y otros doce en los pies, veinticuatro por todos; y también era descendiente de los gigantes (2.ª de Samuel 21:20, RVR1960).

Esa es una gran imagen. Imagina que te enfrentas a un gigante en la batalla que te está agitando 12 dedos. Además, el Deuteronomio da este registro:

> Porque únicamente Og rey de Basán había quedado del resto de los gigantes. Su cama, una cama de hierro, ¿no está en Rabá de los hijos de Amón? La longitud de ella es de nueve codos, y su anchura de cuatro codos, según el codo de un hombre (Deuteronomio 3:11, RVR1960).

Una conversión de estas medidas basada en la cama de este gigante significa que medía entre 3 y 4 metros de altura. Su cama era tan larga que los amonitas la pusieron en exhibición.

En el libro de los Números, los hombres de Israel fueron enviados a espiar la Tierra Prometida. Diez regresaron con un informe aterrador:

> La tierra por donde pasamos para reconocerla, es tierra que traga a sus moradores; y todo el pueblo que vimos en medio de ella son hombres de grande estatura. También vimos allí gigantes, hijos de Anac, raza de los gigantes, y éramos nosotros, a nuestro parecer,

como langostas; y así les parecíamos a ellos (Números 13:32-33, rvr1960).

De nuevo, la Biblia usa la palabra hebrea *nephilim* aquí. Eran gigantes y descendientes de Anac, que también eran gigantes. Los diez espías volvieron llenos de miedo y esparcieron ese miedo entre la gente.

En la Biblia los humanos parecían bastante normales hasta que los hijos de Dios tuvieron relaciones con las hijas de los hombres. El resultado fue una raza híbrida, que Dios aparentemente detestaba. Instruyó a su pueblo para borrar a los gigantes de la faz de la tierra.

NOÉ, EL HOMBRE «PERFECTO»

Volviendo a Noé, considera este interesante pasaje de Génesis 6:

> Pero Noé halló gracia ante los ojos de Jehová. Estas son las generaciones de Noé: Noé, varón justo, era perfecto en sus generaciones; con Dios caminó Noé (vv. 8-9).

Al principio, este versículo parece contener una contradicción, pero explicaré por qué no es así. Primero, el escritor dice que Noé halló gracia ante los ojos de Dios. Luego dice que Noé era «perfecto en sus generaciones». ¿Cómo pueden estas dos ser verdaderas? Una persona perfecta no necesitaría la gracia. La gracia es necesaria para nosotros porque somos pecadores y, por lo tanto, imperfectos. ¿Era Noé imperfecto y necesitado de gracia, o era perfecto sin necesidad de gracia? Independientemente de tu respuesta, Dios vio que Noé necesitaba gracia y se la dio.

Si la Biblia no tiene errores ni contradicciones, ¿cómo conciliamos este versículo? Primero, la palabra hebrea traducida «perfecto» no significa que Noé fuera moralmente perfecto; era un pecador como tú o yo. El versículo dice que era «perfecto en sus generaciones», lo que significa que descendía de una semilla perfecta. Creo que una de las razones por las que Noé y su familia se salvaron fue porque eran genéticamente perfectos. No procedían de la semilla de la serpiente, como los gigantes. No habían sido infectados por esta raza híbrida. Como resultado, Dios le dio la gracia a Noé. Aunque era un humano imperfecto y pecaminoso, era sin embargo completamente humano. Su genética no tenía ninguna mancha o defecto. Así que Dios rescató a Noé y a su familia, pero destruyó la raza de los gigantes. Después del Diluvio, Satanás y sus ángeles caídos comenzaron de nuevo, y la guerra de las semillas continuó. David mató al Goliat de nueve pies de altura en el Valle de Elah, pero Goliat tenía hermanos. David y sus hombres valientes tuvieron que matarlos también.

Dos pasajes adicionales de las Escrituras son pertinentes a este tema. Pedro escribe esto sobre los ángeles que pecaron:

> Porque si Dios no perdonó a los ángeles que pecaron, sino que arrojándolos al infierno los entregó a prisiones de oscuridad, para ser reservados al juicio; y si no perdonó al mundo antiguo, sino que

guardó a Noé, pregonero de justicia, con otras siete personas, trayendo el diluvio sobre el mundo de los impíos; y si condenó por destrucción a las ciudades de Sodoma y de Gomorra, reduciéndolas a ceniza y poniéndolas de ejemplo a los que habían de vivir impíamente (2.ª de Pedro 2:4-6, RVR1960).

Judas da un relato similar:

Y a los ángeles que no guardaron su dignidad, sino que abandonaron su propia morada, los ha guardado bajo oscuridad, en prisiones eternas, para el juicio del gran día; como Sodoma y Gomorra y las ciudades vecinas, las cuales de la misma manera que aquéllos, habiendo fornicado e ido en pos de vicios contra naturaleza, fueron puestas por ejemplo, sufriendo el castigo del fuego eterno (Judas 1:6-7, RVR1960).

Una vez más, a lo largo de la historia judía y cristiana, los eruditos mantuvieron estas creencias sobre la relación entre los ángeles caídos y los gigantes. Esos ángeles pecadores bajaron a la tierra, donde engendraron una raza híbrida con mujeres humanas. Dios detestaba esa raza, y cada vez que la veía, la destruía o mandaba su destrucción.

Traigo todo esto a tu atención porque creo que en la era actual se está creando una raza híbrida. ¿Recuerdas lo que dijo Jesús? «Mas como en los días de Noé, así será la venida del Hijo del Hombre» (Mateo 24:37, RVR1960). Jesús se refería a algunos de los eventos que conocemos en este mundo corrupto e inmoral que trata el pecado como «la costumbre de todos los días». ¿Pero podría también referirse a la atracción demoníaca que los humanos tienen por alterar su línea genética una vez más a través de métodos como la clonación, la modificación genética y el transhumanismo?

¿A LA IMAGEN DE QUIÉN?

Aquí está la importante declaración que prometí hacer al final de este capítulo: **La semilla humana es sagrada.** Fuimos hechos a la imagen de Dios, y no tenemos derecho a tratar de mejorar o manipular lo que Él ha hecho. Sí, la gente buena puede acceder a la tecnología médica para ayudar o curar a otros. Sin embargo, los humanos arrogantes no deberían tratar de tomar el lugar de Dios en un intento de mejorar e inmortalizarse. Solo hay un Dios, y nosotros no somos Él. La semilla humana debería dejarse intacta.

FUIMOS HECHOS A LA IMAGEN DE DIOS, Y NO TENEMOS DERECHO A TRATAR DE MEJORAR O MANIPULAR LO QUE HA HECHO.

EL TIEMPO EN UN PUNTO DE QUIEBRA

10

DIOS ES EL SEÑOR DEL TIEMPO

Hace unos años estaba predicando sobre el fin de los tiempos, y un joven se acercó a mí entre reuniones para pedirme consejo. Empezó: «En mi lugar de trabajo, tienen un 401(k) al que me piden que contribuya». Luego preguntó: «¿Qué debo hacer?». A la luz de la Segunda Venida de Jesús, este joven se preguntaba si debía contribuir a su plan de retiro. ¿Cómo responderías tú? Te diré cómo respondí, pero primero, déjame contarte una historia.

CÓMO PREPARARTE PARA LA SEGUNDA VENIDA

El 19 de mayo de 1780, un extraño acontecimiento ocurrió en el noreste de los Estados Unidos. Los historiadores se refieren a este incidente como «El Día Oscuro». Esa mañana el cielo se volvió tan oscuro que parecía que el día se había convertido en noche. Los pájaros volvieron a sus nidos, y los animales de granja reaccionaron con terror. Reunido con sus tropas en el sur de Nueva Jersey, el General George Washington escribió sobre el evento en su diario. Hacia el norte, en Connecticut, todo el comercio y el trabajo cesaron al crecer el pánico entre los ciudadanos. La gente especuló sobre la causa. ¿Fue un eclipse? ¿O algo más? Algunos de los cristianos puritanos comenzaron a pensar que podrían estar experimentando el juicio de Dios. Algunos se preguntaban si esto podría ser la primera señal de la Segunda Venida de Cristo.

Mientras tanto, la legislatura de Connecticut estaba en sesión, y los delegados se pusieron igualmente inquietos. Algunos de los miembros estaban aterrorizados, pensando que el día del juicio final estaba sobre ellos. Finalmente, un legislador se levantó e hizo la moción de aplazamiento, para que todos pudieran volver a sus casas y prepararse para el fin del mundo. En este punto, Abraham Davenport, un legislador de sesenta y cinco años de Stamford, habló en contra de la moción:

> «Puede que sea el Día del Juicio o puede que no. Si no lo es, no hay razón para un aplazamiento; si lo es, elijo ser encontrado cumpliendo con mi deber. Por lo tanto, quiero que se traigan velas».

A solicitud de Davenport, se trajeron velas a la cámara y la reunión continuó. La admiración de la gente por él como líder con valor y resolución creció después de este evento. John Greenleaf Whittier escribió más tarde un poema en honor a Davenport.

Poco después de este evento, Davenport se desempeñó como presidente del Tribunal de Primera Instancia en Danbury,

Connecticut. Como la providencia de Dios lo quiso, murió de un ataque al corazón mientras presidía un juicio. Se encontró con el Señor mientras cumplía con su deber. Resulta que «El Día Oscuro» no fue una señal de Dios en absoluto. Más bien fue el humo de los incendios forestales en Canadá desplazándose hacia el sur sobre Nueva Inglaterra.[68]

Entonces, ¿qué le dije al joven que se preguntaba sobre su 401(k)? Le dije que planeara como si Jesús no fuera a volver en cien años y que viviera como si Jesús volviera hoy. Le dejaría el mismo mensaje. Planifica tu vida. Ve a la escuela. Cásate. Tengan hijos. Da generosamente. Gasta con sabiduría. Ahorra responsablemente. Planifica tu jubilación. Dios quiere que vivas tu vida para su honor y gloria, pero también con la conciencia constante de que Jesús puede volver en cualquier momento.

DISCERNIR LOS TIEMPOS

Quiero que seas capaz de discernir estos tiempos tan inusuales. Si no los entiendes, puedes ceder al temor, a la confusión y a la mala preparación. Repito que creo que estamos en el fin de los tiempos, que también es el fin de la era. Estamos casi fuera de tiempo. ¿Pero por qué nosotros? ¿Y por qué ahora? ¿Por qué Dios nos ha elegido para ser la generación del fin?

DIOS QUIERE QUE VIVAS
TU VIDA PARA SU HONOR Y
GLORIA, PERO TAMBIÉN CON
LA CONCIENCIA CONSTANTE
DE QUE JESÚS PUEDE VOLVER
EN CUALQUIER MOMENTO.

Desde el principio de la Creación, el Señor estableció cuánto tiempo asignaría a la historia humana, y estamos al final de esa asignación. Dios no es arbitrario con sus planes. El fin no viene por nada que haya hecho la humanidad. Somos mucho mejores y mucho peores que las generaciones que nos precedieron. Aún así, es Dios quien mantiene un calendario y un reloj maestro. Nosotros solo somos las personas que viven en la tierra cuando se agoten.

El apóstol Pedro pronunció unas palabras proféticas muy específicas sobre el fin de los tiempos:

Amados, esta es la segunda carta que os escribo, y en ambas despierto con exhortación vuestro limpio entendimiento, para que tengáis memoria de las palabras que antes han sido dichas por los santos profetas, y del mandamiento del Señor y Salvador dado por vuestros apóstoles; sabiendo primero esto, que en los postreros días vendrán burladores, andando según sus propias concupiscencias, y diciendo: ¿Dónde está la promesa de su advenimiento? Porque desde el día en que los padres durmieron, todas las cosas permanecen así como desde el principio de la creación. Estos ignoran voluntariamente, que en el tiempo antiguo fueron hechos por la palabra de Dios los cielos, y también la tierra, que proviene del agua y por el agua subsiste, por lo cual el mundo de entonces pereció anegado en agua; pero los cielos y la tierra que existen ahora, están reservados por la misma palabra, guardados para el fuego en el día del juicio y de la perdición de los hombres impíos.

Mas, oh amados, no ignoréis esto: que para con el Señor un día es como mil años, y mil años como un día. El Señor no retarda su promesa, según algunos la tienen por tardanza, sino que es paciente para con nosotros, no queriendo que ninguno perezca, sino que todos procedan al arrepentimiento (2.ª de Pedro 3:1-9, RVR1960).

Pedro recordó a sus lectores las palabras de los profetas del Antiguo Testamento. Luego procedió a una profecía muy específica sobre el fin de los tiempos. Cuando llegue el final, dice, habrá burladores que se burlarán de los últimos días. Cuando lean o escuchen enseñanzas como las de este libro, se burlarán de ellos, porque se han entregado a sus propias concupiscencias. Pedro no está escribiendo acerca de la gente piadosa; estos son individuos no salvos e inmorales. Dice que se burlarán de estas enseñanzas y dirán: «Nada ha cambiado nunca. Todo ha sido siempre lo mismo desde el principio». Y Pedro dice: «Por supuesto, esa profecía se ha cumplido. Sabemos que es verdad. Ellos rechazan voluntariamente la autoridad de la Palabra de Dios y las advertencias sobre su juicio».

Pedro no está escribiendo sobre gente que no ha escuchado o entendido estas enseñanzas. No, ellos las rechazan *voluntariamente*. Estos individuos han tomado una decisión consciente de cerrar sus ojos y oídos a la Palabra de Dios, de la misma manera que la gente lo hizo durante el tiempo de Noé. Entonces llegó el Diluvio. En el caso del mundo actual, está siendo preservado hasta que sea consumido por el fuego. Pedro dice que la gente sobre la que escribe será juzgada algún día.

Entonces el apóstol da un giro brusco e inesperado. Les dice que recuerden una cosa muy importante: «Para con el Señor un día es como mil años, y mil años como un día» (v. 8). Este es un concepto muy importante para que lo entendamos. Dios ve un día como mil años y mil años como un día. Pedro se refiere a un versículo de los Salmos:

> Mil años, para ti, son como el día de ayer, que ya pasó;
> son como unas cuantas horas de la noche (Salmo 90:4, NVI).

Toma nota de nuevo que Pedro está escribiendo sobre el fin de los tiempos, y está diciendo a sus lectores, «Dios no está jugando. No está esperando una fecha arbitraria para el regreso de Jesús. Dios no es desorganizado. Tiene un plan. Pero recuerden, el plan de Dios no se parece a los planes humanos. Considera un día en la misma escala que mil años, y mil años como un solo día».

Dios tiene su propio calendario y mantiene su planificador personal. Ha estado siguiendo cuidadosamente ese planificador desde el principio de los tiempos, y todavía está mirando su calendario. Esta puede ser una nueva forma de pensar para ti, pero definitivamente no es una nueva enseñanza. Los lectores judíos originales que fueron entrenados en las escuelas de las sinagogas judías entendieron el tiempo de Dios. Los rabinos y los eruditos hebreos enseñaron sobre el calendario de Dios durante siglos, y la iglesia primitiva adoptó estas creencias.

LA FORMA EN QUE DIOS MARCA EL TIEMPO

Sí, Dios tiene un calendario personal, pero permite a sus seguidores mirarlo para su beneficio.

Recuerden las cosas pasadas, aquellas de antaño;
yo soy Dios, y no hay ningún otro,
yo soy Dios, y no hay nadie igual a mí.
Yo anuncio el fin desde el principio;
desde los tiempos antiguos, lo que está por venir.
Yo digo: Mi propósito se cumplirá,
y haré todo lo que deseo (Isaías 46:9-10, NVI).

Dios reveló su calendario en el Génesis. Esto es lo que los rabinos judíos enseñaron a lo largo de los años. Dios tiene su propia manera de contar el tiempo, y se remonta a los albores de la Creación.

Aunque Dios es misterioso, no quiere que permanezcamos en la oscuridad. No hace nada hasta que lo revela primero. Toda la historia humana trata de Dios revelándose continuamente a aquellos que quieren conocerlo. El Dios de la Biblia no es un guardián secreto. No le gusta ocultarnos cosas. Dios es luz, y quiere que vivamos en su luz. La razón por la que Dios nos da la profecía en la Biblia es para que estemos preparados para todo lo que sucederá. El profeta Amos escribió,

En verdad, nada hace el SEÑOR omnipotente sin antes revelar sus designios a sus siervos los profetas. (3:7).

Las profecías de la Biblia no son solo para los predicadores o expertos. Dios la escribió para ti, para que lo supieras y estuvieras preparado. No quiere que seamos un pueblo temeroso y confuso. Dios quiere que sus hijos estén informados para que afronten el futuro con valor y certeza.

TODA LA HISTORIA HUMANA
TRATA DE DIOS REVELÁNDOSE
CONTINUAMENTE A AQUELLOS
QUE QUIEREN CONOCERLO.

Como dije antes, cada uno de los capítulos de 1.ª de Tesalonicenses trata sobre el regreso de Cristo. En el capítulo 5 Pablo aborda específicamente el tema del tiempo:

> Ahora bien, hermanos, ustedes no necesitan que se les escriba acerca de tiempos y fechas, porque ya saben que el día del Señor llegará como ladrón en la noche. Cuando estén diciendo: «Paz y seguridad», vendrá de improviso sobre ellos la destrucción, como le llegan a la mujer encinta los dolores de parto. De ninguna manera podrán escapar. Ustedes, en cambio, hermanos, no están en la oscuridad para que ese día los sorprenda como un ladrón. Todos ustedes son hijos de la luz y del día. No somos de la noche ni de la oscuridad (vv. 1-5, NVI).

¿Te has dado cuenta de que cada vez que la Biblia habla de que Jesús viene como un ladrón en la noche, es un mensaje para los incrédulos, no para los creyentes? Sí, los creyentes deben ser conscientes para poder advertir amorosamente a los no creyentes. Pero Jesús no se acerca sigilosamente a los creyentes. Dios nos dio las profecías de la Biblia para que estemos preparados para el regreso de Jesús. Puede que no sepamos el día o la hora exacta en que vendrá, pero conocemos los tiempos. Conocemos las señales del tiempo. Cuando Jesús venga, tendremos nuestras cabezas levantadas y listas para nuestro Novio.

EL CALENDARIO DE 7.000 AÑOS DE DIOS

En la Biblia Dios cuenta el tiempo de a siete. En Génesis 1 Él toma siete días para crear el mundo. Luego en Levítico capítulo

25, Dios le dice al pueblo hebreo que marque cada séptimo año como un año sabático, durante el cual deben dejar descansar la tierra y no plantar nada. Al final de los siete años sabáticos, deben conmemorar con el Año del Jubileo. En la profecía de Daniel Dios declaró 490 años proféticos a la nación de Israel. En el capítulo 9 de Daniel, el ángel le habló a Daniel y le dijo que a Israel se le darían estos 70 x 7 años, y entonces vendría el final.

A lo largo de los siglos, muchos estudiosos judíos enseñaron que los siete días del capítulo 1 del Génesis corresponden a 7.000 años de historia humana. Al principio, Dios decía: «Habrá 7.000 años para la humanidad». Durante los primeros 6.000 años, los humanos tendrán la oportunidad de administrar la tierra. Entonces Cristo reinará en la Tierra durante 1.000 años.

Los 6.000 años de la humanidad han terminado. Este tiempo no es arbitrario, y no es por nada que los humanos hayan hecho. Al principio de la Creación, Dios inició su reloj. Simplemente resulta que somos la generación que está viva en su cumplimiento. Voy a demostrarte esta línea de tiempo de tres maneras.

1. Los días de la creación y el séptimo milenio

Primero, quiero mostrarte cómo los siete días de la Creación son proféticamente paralelos a cada uno de los siete milenios de la historia humana.

DÍA UNO: LA LUZ SE SEPARA DE LA OSCURIDAD (GÉNESIS 1:3-5)

En el primer día de la Creación, Dios separó la luz de la oscuridad. Entonces los pecados de los primeros humanos, Adán y Eva, los separaron del Dios de la luz. La luz y las tinieblas fueron separadas físicamente y luego espiritualmente. Este fue el evento más significativo en los primeros mil años de la historia de la humanidad.

DÍA DOS: LAS AGUAS DE ARRIBA Y DE ABAJO SE SEPARAN (GÉNESIS 1:6-10)

En el segundo día Dios separó las aguas de arriba de las de abajo. En el segundo milenio humano, Dios accedió a las aguas de arriba y abajo como un juicio en el Diluvio. Dios juntó las aguas, inundó la tierra, y luego las separó de nuevo, tal como lo hizo en el segundo día de la Creación.

DÍA TRES: LAS PLANTAS CON SEMILLAS COMIENZAN A LLENAR LA TIERRA CON VIDA (GÉNESIS 1:11-13)

En el tercer día Dios creó las plantas con semillas. Por primera vez, la Tierra tenía vida. En el tercer milenio de la historia de la humanidad, el Señor hizo una promesa duradera a Abraham de que a través de su semilla, todas las naciones de la tierra serían bendecidas.

DÍA CUATRO: LAS LUCES LLENAN EL CIELO
(GÉNESIS 1:14-19)

En el cuarto día Dios hizo luces para llenar el cielo: el sol, la luna y las estrellas. En el cuarto milenio, Dios levantó profetas para dar luz a Israel. Entonces Dios envió a su hijo Jesús como la luz del mundo.

DÍA CINCO: CREACIÓN DE ANIMALES VIVOS
(GÉNESIS 1:20-23)

En el quinto día Dios creó las primeras criaturas vivientes. En el quinto milenio de la historia humana, Dios levantó nuevas criaturas que heredarían la vida eterna por la vida, muerte y resurrección de Cristo.

DÍA SEIS: LOS HUMANOS SON CREADOS COMO
LA CORONA DE LA CREACIÓN DE DIOS
(GÉNESIS 1:26-28)

En el sexto día Dios creó al hombre y a la mujer. Les dijo que llenaran la tierra y tuvieran dominio. El sexto milenio es el que estamos viviendo ahora. Dios ha dado poder a la Iglesia para crecer y tomar autoridad en el mundo, como lo hizo con Adán y Eva. Ellos fallaron en los mandatos de Dios, pero por el Espíritu Santo, Él nos ha dado el poder de lograr lo que originalmente los llamó a hacer.

DÍA SIETE: DIOS DESCANSÓ

Después de que Dios creó todo, descansó en el séptimo día. En el séptimo milenio Dios restaurará la tierra, y toda la humanidad descansará con Jesús como nuestro gobernante durante los próximos mil años.

El apóstol Juan describe este reinado de mil años de Cristo:

> Vi además a un ángel que bajaba del cielo con la llave del abismo y una gran cadena en la mano. Sujetó al dragón, a aquella serpiente antigua que es el diablo y Satanás, y lo encadenó por mil años. Lo arrojó al abismo, lo encerró y tapó la salida para que no engañara más a las naciones, hasta que se cumplieran los mil años. Después habrá de ser soltado por algún tiempo. Entonces vi tronos donde se sentaron los que recibieron autoridad para juzgar. Vi también las almas de los que habían sido decapitados por causa del testimonio de Jesús y por la palabra de Dios. No habían adorado a la bestia ni a su imagen, ni se habían dejado poner su marca en la frente ni en la mano. Volvieron a vivir y reinaron con Cristo mil años. Esta es la primera resurrección; los demás muertos no volvieron a vivir hasta que se cumplieron los mil años. Dichosos y santos los que tienen parte en la primera resurrección. La segunda muerte no tiene poder sobre ellos, sino que serán sacerdotes de Dios y de Cristo, y reinarán con él mil años. (Apocalipsis 20:1-6, NVI).

A partir de este pasaje del Apocalipsis, se nos asegura la certeza de los últimos mil años de la historia de la humanidad como el gobierno milenario de Jesucristo. Ahora estamos viviendo antes del Arrebatamiento y la Tribulación. El próximo gran evento será el Arrebatamiento de la Iglesia. Poco después, el mundo experimentará siete años de tribulación. Durante ese mismo período de siete años, los creyentes experimentarán una boda con Jesús en el cielo. (Por cierto, una boda judía tradicional dura siete días).

¿QUÉ PASARÁ DESPUÉS DEL FINAL?

Al final de los siete años de la Cena de las Bodas del Cordero y la Tribulación, de la que se puede leer en los capítulos 19 y 20 del Apocalipsis, Jesús volverá de nuevo. Nosotros, como su novia, volveremos con Él. Él derrotará al Anticristo y al falso profeta, arrojándolos al lago de fuego. Satanás será atado y arrojado a un abismo durante 1.000 años. Entonces, Jesús establecerá su reino milenario. Será el Gobernante Supremo en la tierra, y su pueblo gobernará y reinará con Él. Nadie podrá derrocarlo, y nunca necesitará ser reelegido.

Al final de esos mil años, Satanás será liberado una vez más. Los creyentes que han estado reinando con Cristo son inmortales. Sin embargo, Satanás reunirá a los mortales que permanecen en la tierra para marchar sobre Jerusalén. La Biblia dice que Satanás guiará a Gog y Magog, que son símbolos de las naciones del mundo, en una rebelión contra Jesús. Su marcha a Jerusalén es en realidad un intento de matar a Jesús una vez más.

Jesús entonces los matará a todos y comenzará con el Juicio del Gran Trono Blanco, en el que juzgará a todos los muertos desde el principio de los tiempos. Entonces los cielos y la tierra serán destruidos por el fuego, que es sobre lo que Pedro estaba escribiendo. Dios creará nuevos cielos y una nueva tierra. Cuando lo haga, la Nueva Jerusalén descenderá del cielo. Esta ciudad tendrá aproximadamente 1.280 millas de largo, ancho y alto (Apocalipsis 21:16). Este será el lugar donde viviremos con Jesús por toda la eternidad. Será más maravilloso de lo que cualquiera de nosotros pueda imaginar.

2. Contar los años

Otra forma de ver la historia humana es simplemente contando los años. Si estamos en el final de los tiempos y la historia humana es un período de 6.000 años, entonces un estudio del calendario nos dará la verificación de que estamos muy cerca del final. Te mostraré tres calendarios que corroboran lo que estoy escribiendo aquí.

EL CALENDARIO GREGORIANO

El año de publicación de este libro es el año 2020 del calendario gregoriano. La abreviatura 2020 d. C. tiene su raíz en el término latino medieval *anno domini,* que se traduce como «el año del Señor». La frase original completa era «*anno domini nostril Jesu Christi*», «en el año de nuestro Señor Jesucristo». En su Evangelio Lucas incluye una genealogía que se extiende desde Jesús hasta Adán (3:23-38). A partir de este relato podemos saber con precisión el número de generaciones desde Adán hasta Jesús.

La mayoría de los estudiosos del Antiguo Testamento están de acuerdo en que la historia del Antiguo Testamento cubre un período de aproximadamente 4.000 años. Con aproximadamente 2.000 años desde el ministerio terrenal de Jesús hasta el presente, la historia humana tiene actualmente unos 6.000 años.

EL CALENDARIO CIVIL JUDÍO

El pueblo judío ha mantenido históricamente dos calendarios, uno civil y otro religioso. Según el calendario civil judío, el año de publicación de este libro es 5780. Como no incluyen ni a. C. ni d. C. en su calendario, el primer año se extiende hasta la Creación. Así que si el año es 5780, entonces quedan 220 años hasta la marca de los 6.000 años. Hay algunos desacuerdos sobre la exactitud de este calendario, pero incluso con variaciones y discrepancias, el total de años sigue siendo aproximadamente 6.000.

EL CALENDARIO RELIGIOSO JUDÍO

En el calendario civil judío, el año nuevo comienza en otoño, pero en el calendario religioso, comienza en primavera. Un pequeño grupo de judíos mesiánicos no dan crédito al calendario civil.[69] A través de una exhaustiva investigación sostienen que 6.000 años desde la Creación están mucho más cerca del año actual. También creen en una historia humana de 7.000 años, pero discuten algunas de las fechas que tienen otros. También han hecho algunos ajustes a sus propias fechas desde que las descubrí por primera vez. Por ejemplo, originalmente dijeron que

2015 era el año 6001 y especularon que Jesús regresaría ese septiembre. Sin embargo, como sabemos, Jesús no regresó entonces. Así que estoy dando precaución a cualquiera que esté buscando una fecha específica.

POR QUÉ NO ESTABLEZCO FECHAS ESPECÍFICAS

Tomo esta posición por dos razones. Primero, cuando algunas personas bien intencionadas fijan fechas, otras eluden sus responsabilidades y dejan de vivir sus vidas. Segundo, cuando una fecha anunciada va y viene, la gente que ha puesto su fe en la fecha se vuelve decepcionada y cínica. Los escépticos la usan como un florete para ridiculizarla. A lo largo de mi vida, he sido testigo de muchas personas que fijan fechas. No recuerdo que los resultados hayan sido buenos para ninguna de esas personas. Cuando alguien me dice que sabe con precisión cuándo Jesús regresará, tengo una respuesta preparada: «Espero que tengas razón. Pero no voy a vivir de forma diferente solo porque tú digas que sabes el día exacto».

3. Símbolos bíblicos

Los símbolos proféticos de la Biblia son otra forma de medir los 7.000 años de historia de la humanidad.

LA CONEXIÓN NOÉ

En el Evangelio de Lucas, Jesús dice:

Tal como sucedió en tiempos de Noé, así también será cuando venga el Hijo del hombre. Comían, bebían, y se casaban y daban en casamiento, hasta el día en que Noé entró en el arca; entonces llegó el diluvio y los destruyó a todos (Lucas 17:26-27, NVI).

Jesús traza un paralelo directo entre Noé y su segunda venida. Noé vivió hasta los 950 años, según Génesis 9:29. Jesús dijo que el mundo sería como el tiempo de Noé cuando regresara.

Dios pudo haber puesto a Noé en el arca en cualquier momento de su vida. Sin embargo, Génesis 7:6 dice: «Tenía Noé seiscientos años de edad cuando las aguas del diluvio inundaron la tierra». Unos pocos versos después, leímos:

Cuando Noé tenía seiscientos años, precisamente en el día diecisiete del mes segundo, se reventaron las fuentes del mar profundo y se abrieron las compuertas del cielo. Cuarenta días y cuarenta noches llovió sobre la tierra (Génesis 7:11-12).

De los 950 años de Noé, Dios eligió el año 600. La historia de la humanidad durará 6.000 años, seguida por el gobierno de mil años de Cristo. ¿Podría la era del Diluvio de Noé ser un símbolo del regreso de Jesús para rescatar a su pueblo en 6.000 años?

LA BODA EN CANÁ

Quiero mostrarte otro paralelo bíblico simbólico más. Cuando Jesús tenía 12 años, fue con su familia a Jerusalén para la Pascua. Cuando la fiesta terminó, sus padres (María y José) comenzaron el viaje de regreso a casa, sin saber que Jesús se había quedado en el Templo. Pronto María y José se dieron cuenta de que Jesús no estaba en su grupo de viaje, y comenzaron a buscarlo frenéticamente. Encontraron a Jesús tres días después, y su explicación fue: «¿No sabíais que en los negocios de mi Padre me es necesario estar?» (Lucas 2:49, RVR1960). Aún así, Jesús fue a casa a Nazaret con sus padres. El mensaje tácito (y posiblemente hablado) de María era que Jesús aún no estaba listo para comenzar su ministerio público.

Diecisiete años después, en una boda en Caná de Galilea, Dios usó a María para dar un mensaje diferente. El anfitrión se quedó sin vino, y María transmitió el problema a Jesús. Él respondió: «¿Qué tienes conmigo, mujer? Aún no ha venido mi hora». (Juan 2:4, RVR1960). María se volvió a los sirvientes y les dijo: «Haced todo lo que os dijere» (Juan 2:5, RVR1960). Esta simple instrucción fue una afirmación directa de la autoridad de Jesús y señaló el comienzo de su ministerio público.

> Y estaban allí seis tinajas de piedra para agua, conforme al rito de la purificación de los judíos, en cada una de las cuales cabían dos o tres cántaros. Jesús les dijo: Llenad estas tinajas de agua. Y las llenaron hasta arriba. Entonces les dijo: Sacad ahora, y llevadlo al maestresala. Y se lo llevaron. Cuando el maestresala probó el agua hecha vino, sin saber él de dónde era, aunque lo sabían los sirvientes que habían sacado el agua, llamó al esposo, y le dijo: Todo hombre sirve primero el buen vino, y cuando ya han bebido mucho, entonces el inferior; mas tú has reservado el buen vino hasta ahora. Este principio de señales hizo Jesús en Caná de Galilea, y manifestó su gloria; y sus discípulos creyeron en él. (Juan 2:6-11, RVR1960).

Juan escribió que el hecho de que Jesús convirtiera el agua en vino fue el comienzo de las *señales* de su ministerio. Hay importantes distinciones entre milagros, señales y maravillas. Los milagros suceden cuando Dios hace algo sobrenatural que solo Él puede hacer. Las maravillas llenan a los que las presencian de asombro y maravillas. Las señales, sin embargo, apuntan a algo más que a sí mismas para dar sentido. Mientras que este acto de Jesús fue milagroso y maravilloso, el significado fue mucho más profundo. Este fue el comienzo del ministerio de Jesús, y Dios estaba revelando una señal importante. Estaba declarando el final desde el principio.

¿Qué hacía Jesús al principio de su ministerio? Estaba en una boda, sirviendo el vino del cielo. Ahora quiero hacer una conexión importante. ¿Qué hizo Jesús al final de su ministerio, y qué hará cuando venga de nuevo para llevarnos a estar con Él? Nos sirvió y nos servirá el vino del cielo. En Mateo 26 Jesús dijo a sus discípulos: «No beberé más de este fruto de la vid, hasta aquel día en que lo beba nuevo con vosotros en el reino de mi Padre» (v. 29, RVR1960). Muchos creen que los seis cántaros de agua representan los 6.000 años de historia de la humanidad, que terminarán con los creyentes en una boda, bebiendo el vino del cielo con Jesús.

CUANDO TODO ESTO SUCEDA

Cuando digo que creo que vivimos en el fin de los tiempos, no estoy ofreciendo pura especulación. No estoy meramente adivinando. A lo largo de este libro he demostrado por qué creo que la Biblia dice que el fin de los tiempos finales ya está aquí y avanza rápidamente. Ya sea que les haya mostrado esto a través de Israel, un alejamiento de la verdad, los avances en la tecnología, la forma en que el calendario corresponde a la profecía bíblica, o algo más, estoy basando mis observaciones en lo que leo en la Biblia.

El calendario de 7.000 años de Dios ha estado presente desde el principio, y eso es lo que muchos eruditos judíos y cristianos han creído durante siglos. Cuando el apóstol Pedro escribió a la Iglesia sobre el fin de los tiempos, les dijo que podían estar seguros de que cuando llegara el fin, la gente se burlaría de las enseñanzas sobre él. Rechazarán voluntariamente la autoridad de la Palabra de Dios e ignorarán las advertencias sobre el juicio que se avecina en el mundo. Luego les dijo que recordaran un hecho muy importante: con el Señor, un día es como 1.000 años, y 1.000 años es como un día.

Dios no se está demorando ni retrasando innecesariamente. En el tiempo presente, Él está ofreciendo a cada persona viva una oportunidad de arrepentirse y creer. Por eso le dije al joven que se me acercó sobre su 401(k) que viviera su vida para la gloria de Dios. El tiempo es corto, y Dios está buscando personas que vivan sus vidas para Él y que estén preparadas cuando Él regrese.

11

¿QUÉ HORA ES?

Me preguntan regularmente qué creo sobre dónde estamos actualmente en el reloj profético de Dios. Esto se ha vuelto más común desde el brote de la pandemia mundial de coronavirus. De hecho, un hombre me preguntó si pensaba que estábamos experimentando los cuatro jinetes del capítulo seis del Apocalipsis. Le dije que no creía que ninguno de los eventos que estamos experimentando tuvieran algo que ver con los capítulos de la Tribulación del libro del Apocalipsis. Déjame explicarte mi razonamiento.

Jesús habló a menudo y explícitamente sobre el fin de los tiempos, y deberíamos estar especialmente agradecidos por ello en los tiempos en que vivimos. Déjame mostrarte varios pasajes importantes que nos revelan dónde estamos en el reloj profético de Dios. Y déjame decirte de antemano que es a la vez reconfortante y alentador. Aunque definitivamente estamos viviendo en tiempos difíciles y tumultuosos, las palabras de Jesús nos dan una gran esperanza.

Un pasaje del que ya he hablado en este libro tiene una visión muy importante para nosotros con respecto a los tiempos que estamos viviendo, así como el momento del Arrebatamiento de la Iglesia. Se encuentra en el capítulo diecisiete del libro de Lucas:

Y dijo a sus discípulos: Tiempo vendrá cuando desearéis ver uno de los días del Hijo del Hombre, y no lo veréis. Y os dirán: Helo aquí, o helo allí. No vayáis, ni los sigáis. Porque como el relámpago que al fulgurar resplandece desde un extremo del cielo hasta el otro, así también será el Hijo del Hombre en su día. Pero primero es necesario que padezca mucho, y sea desechado por esta generación. Como fue en los días de Noé, así también será en los días del Hijo del Hombre. **Comían, bebían, se casaban y se daban en casamiento, hasta el día en que entró Noé en el arca, y vino el diluvio y los destruyó a todos.** Asimismo como sucedió en los días de Lot; **comían, bebían, compraban, vendían, plantaban, edificaban; mas el día en que Lot salió de Sodoma, llovió del cielo fuego y azufre, y los destruyó a todos. Así será el día en que el Hijo del Hombre se manifieste.** En aquel día, el que esté en la azotea, y sus bienes en casa, no descienda a tomarlos; y el que en el campo, asimismo no vuelva atrás. Acordaos de la mujer de Lot. Todo el que procure salvar su vida, la perderá; y todo el que la pierda, la salvará. Os digo que en aquella noche estarán dos en una cama; el uno será tomado, y el otro será dejado. Dos mujeres estarán moliendo juntas; la una será tomada, y la otra dejada. Dos estarán en el campo; el uno será tomado, y el otro dejado. Y respondiendo, le dijeron: ¿Dónde, Señor? Él les dijo: Donde estuviere el cuerpo, allí se juntarán también las águilas (Lucas 17:22-37, RVR1960 énfasis añadido).

Según Jesús, los días previos al Arrebatamiento de la Iglesia y el comienzo de la Tribulación estarán marcados por un entorno de lo mismo de siempre. Habrá «compra y venta», lo que significa que habrá una estabilidad económica general. Aunque hay momentos de inestabilidad económica como los que vimos en 2008 y más recientemente relacionados con el pánico del coronavirus, estos son solo eventos económicos temporales. Basado en las palabras de Jesús, quiero decirte con autoridad que no habrá un colapso económico mundial antes del Arrebatamiento.

Siempre es sabio prepararse para los inevitables altibajos de la vida. Pero no hay necesidad de acaparar o construir un búnker de supervivencia. Esas son cosas que la gente que no conoce al Señor o la profecía de la Biblia hace por temor o ignorancia. Sin embargo, debemos ser un pueblo de fe que conocemos a nuestro Dios. Y Él nunca nos dejaría sin preparación si fuera a haber un cataclismo financiero.

Fíjate en el pasaje de Lucas que Jesús dice que su regreso por la Iglesia será como fue **el día** en que Noé y su familia entraron en el Arca, **antes** de que el juicio de Dios cayera. Jesús repite este punto con respecto a Lot: «**El día** en que Lot salió de Sodoma, llovió del cielo fuego y azufre, y los destruyó a todos. Así será el día en que el Hijo del Hombre se manifieste» (Lucas 17:29-30, RVR1960, énfasis añadido). Jesús no está hablando de una estación del tiempo; se refiere a un día real en la historia que está registrado en la Biblia. Está claramente conectando un solo día en la vida de Lot con un solo día en el que arrebatará a la Iglesia, y entonces el juicio caerá sobre la tierra. También nota que Jesús se refiere a «en aquel día» y también «en aquella noche». La razón por la que esto es importante es porque cuando ocurra el

Arrebatamiento, la mitad del mundo será de día y la otra mitad será de noche. Así que, sea cual sea la hora del día en que ocurra, siempre debemos estar atentos.

Definitivamente estamos viviendo en un mundo muy inmoral, violento y rebelde, como lo experimentaron Noé y Lot. Pero también estamos viviendo en los días previos al Arrebatamiento, donde hay una atmósfera de normalidad de negocios que permanecerá hasta que seamos quitados de aquí. Entonces todo el cielo se desatará, y el verdadero juicio vendrá a la tierra. Pero no estaremos aquí para eso, ¡alabado sea el Señor!

Déjame mostrarte otro pasaje importante que nos ayuda a entender los tiempos que vivimos.

> Y estando él sentado en el monte de los Olivos, los discípulos se le acercaron aparte, diciendo: Dinos, ¿cuándo serán estas cosas, y qué señal habrá de tu venida, y del fin del siglo? Respondiendo Jesús, les dijo: Mirad que nadie os engañe. Porque vendrán muchos en mi nombre, diciendo: Yo soy el Cristo; y a muchos engañarán. Y oiréis de guerras y rumores de guerras; mirad que no os turbéis, porque es necesario que todo esto acontezca; pero aún no es el fin. Porque se levantará nación contra nación, y reino contra reino; y habrá pestes, y hambres, y terremotos en diferentes lugares. Y todo esto será principio de dolores (Mateo 24:3-8, RVR1960).

Creo que durante los últimos setenta años desde que Israel se convirtió en una nación en 1948, hemos estado experimentando todas las señales que Jesús dio en este pasaje. Por lo tanto, creo que estamos en el tiempo de «principio de dolores». También creo que estas señales se están intensificando, como los dolores de parto que anuncian el nacimiento de un niño. El brote mundial del coronavirus es solo un ejemplo de las pestilencias que han estado plagando el mundo desde hace algún tiempo. Y permíteme repetirlo de nuevo: cada generación ha tenido algunas de las señales que Jesús mencionó, ¡pero nosotros estamos viendo todas las señales!

Otro texto más que es importante sobre el fin de los tiempos se encuentra en Mateo 24, donde Jesús habla de las señales del fin:

> De la higuera aprended la parábola: Cuando ya su rama está tierna, y brotan las hojas, sabéis que el verano está cerca. Así también vosotros, cuando veáis todas estas cosas, conoced que está cerca, a las puertas. **De cierto os digo, que no pasará esta generación hasta que todo esto acontezca.** El cielo y la tierra pasarán, pero mis palabras no pasarán (Mateo 24:32-35, énfasis añadido).

Lo que Jesús nos está diciendo aquí es que una generación verá todos los eventos del fin de los tiempos cumplidos.

No pudo haber hablado de su generación porque todos murieron. Hablaba de la generación que sería testigo de los signos de los que hablaba. Como he dicho antes en el libro, el reloj profético de Dios del fin de los tiempos comenzó a correr en 1948 cuando Israel se convirtió en una nación. Esto está claro en este pasaje del libro de Joel:

Porque he aquí que en aquellos días, y en aquel tiempo en que haré volver la cautividad de Judá y de Jerusalén, reuniré a todas las naciones, y las haré descender al valle de Josafat, y allí entraré en juicio con ellas a causa de mi pueblo, y de Israel mi heredad, a quien ellas esparcieron entre las naciones, y repartieron mi tierra (Joel 3:1-2).

En este pasaje Dios une dos eventos en la misma secuencia de tiempo. Él nos revela que en el mismo período de tiempo en el que Él reagrupa a Israel de nuevo en su tierra, Él también entrará en un juicio final con todas las naciones con respecto a su maltrato a los Judíos y por dividir la tierra (lo que la ONU y EE. UU. han obligado a Israel a hacer). De acuerdo con Joel capítulo tres, la reunión de los judíos en la tierra de Israel inició el reloj profético de Dios y también la generación final.

Aquí hay una pregunta muy importante que hacer: ¿cuánto tiempo dura una generación? Para responder a esa pregunta, déjame hablarte de un principio importante de la interpretación bíblica. **La Biblia debe interpretarse a sí misma.** En otras palabras, para saber cuánto dura una generación, tenemos que averiguar lo que la Biblia tiene que decir al respecto en primer lugar. Y esto es lo que la Biblia dice sobre una generación:

Los días de nuestra edad son setenta años;
Y si en los más robustos son ochenta años,
Con todo, su fortaleza es molestia y trabajo,
Porque pronto pasan, y volamos (Salmo 90:10, RVR1960).

Desde que Israel se convirtió en una nación en 1948, han pasado más de 70 años. Por eso no solo creo que estamos viviendo al final de los tiempos, sino que también creo que estamos viviendo en el *fin* de los tiempos. Antes de seguir adelante quiero que sepas que nunca pongo fechas, y tampoco quiero animarte a que lo hagas. Al hacer este punto sobre una generación que es testigo de todos los eventos del fin de los tiempos, alguien podría pensar que estoy diciendo que el Arrebatamiento tiene que ocurrir y el Armagedón tiene que suceder a más tardar el 14 de mayo de 2028. No estoy diciendo eso.

Sin embargo, digo que creo que sucederá en este período de tiempo. Y la única manera de que no suceda es si me equivoco sobre una generación de 70 u 80 años. Basado en las Escrituras, sin embargo, me siento confiado sobre ese período de tiempo. Además, estamos viendo tantos eventos del fin del tiempo que se cumplen o se preparan para cumplirse. Basta con solo mirar lo que está sucediendo en Israel. Y siempre debemos recordar que Israel y Jerusalén son el epicentro de la profecía bíblica.

Hay algo más que quiero decir acerca de una generación que ve todas las cosas cumplidas relacionadas con la profecía del fin de los tiempos. Y esto lleva las cosas a un nivel completamente diferente con respecto al Arrebatamiento de la Iglesia. Necesitamos entender que cuando Jesús dijo que una generación vería todas las cosas cumplidas, estaba incluyendo en esa declaración la Tribulación y la Segunda Venida. Mira este texto del capítulo 24 de Mateo que precede a la promesa de Jesús de un evento de una generación:

Por tanto, cuando veáis en el lugar santo la abominación desoladora de que habló el profeta Daniel (el que lee, entienda), entonces los que estén en Judea, huyan a los montes. El que esté en la azotea, no descienda para tomar algo de su casa; y el que esté en el campo, no vuelva atrás para tomar su capa. Mas ¡ay de las que estén encintas, y de las que críen en aquellos días! Orad, pues, que vuestra huida no sea en invierno ni en día de reposo; porque habrá entonces gran tribulación, cual no la ha habido desde el principio del mundo hasta ahora, ni la habrá. Y si aquellos días no fuesen acortados, nadie sería salvo; mas por causa de los escogidos, aquellos días serán acortados.

Entonces, si alguno os dijere: Mirad, aquí está el Cristo, o mirad, allí está, no lo creáis. Porque se levantarán falsos Cristos, y falsos profetas, y harán grandes señales y prodigios, de tal manera que engañarán, si fuere posible, aun a los escogidos. Ya os lo he dicho antes.

Así que, si os dijeren: Mirad, está en el desierto, no salgáis; o mirad, está en los aposentos, no lo creáis. Porque como el relámpago que sale del oriente y se muestra hasta el occidente, así será también la venida del Hijo del Hombre. Porque dondequiera que estuviere el cuerpo muerto, allí se juntarán las águilas.

E inmediatamente después de la tribulación de aquellos días, el sol se oscurecerá, y la luna no dará su resplandor, y las estrellas caerán del cielo, y las potencias de los cielos serán conmovidas. Entonces aparecerá la señal del Hijo del Hombre en el cielo; y entonces lamentarán todas las tribus de la tierra, y verán al Hijo del Hombre viniendo sobre las nubes del cielo, con poder y gran gloria. Y enviará sus ángeles con gran voz de trompeta, y juntarán a sus escogidos, de los cuatro vientos, desde un extremo del cielo hasta el otro (Mateo 24:15-31, RVR1960).

Este pasaje da una comprensión más completa de todos los eventos que Jesús incluye en su promesa de que una generación verá todas las cosas cumplidas. Y habla de la abominación desoladora que ocurre cuando el Anticristo entra en el Templo reconstruido de Israel tres años y medio después de la Tribulación y se declara a sí mismo «Dios». Jesús también describe la Segunda Venida en detalle. Así que, si la última generación comenzó en 1948 y todos los eventos del fin de los tiempos, incluyendo la Tribulación de siete años y la Segunda Venida, van a ocurrir dentro de un lapso de 80 años, tenemos un escenario interesante para considerar.

El Arrebatamiento tiene lugar antes de la Tribulación. Esto significa que después de que el Arrebatamiento ocurra, habrá siete años más a seguir dentro de la generación a la que Jesús se refirió. Esto significa que si el Arrebatamiento ocurre ahora mismo y le añades siete años más para la Tribulación, estamos básicamente en el punto de los ochenta años ahora. De nuevo, no estoy fijando fechas, y tampoco quiero que lo hagas. Pero espero que puedan ver de todo esto los emocionantes tiempos que estamos viviendo y por qué el subtítulo de este libro es *¡El fin está aquí!*

Quiero abordar un tema más del texto del capítulo 24 de Mateo donde Jesús describe la Segunda Venida y una reunión de santos con una gran voz de trompeta de los ángeles «desde un extremo del cielo hasta el otro» (v. 31). Muchas personas bien intencionadas que creen que viviremos la Tribulación se confunden con este pasaje y creen que es el Arrebatamiento de la Iglesia. Pero no lo es. El Arrebatamiento de la Iglesia, que Jesús describe gráficamente en el capítulo 17 de Lucas, ocurre justo antes de que comience la Tribulación.

El Arrebatamiento que Jesús describe en el capítulo 24 de Mateo es para los que han sido salvos durante la Tribulación. Habrá muchos millones (si no miles de millones) de creyentes en la tierra cuando ocurra la Segunda Venida. Algunos estarán vivos y otros habrán sido martirizados. Aquí hay un pasaje del capítulo 20 del Apocalipsis que describe lo que les sucede a los santos de la Tribulación que han sido martirizados:

> Y vi tronos, y se sentaron sobre ellos los que recibieron facultad de juzgar; y vi las almas de los decapitados por causa del testimonio de Jesús y por la palabra de Dios, los que no habían adorado a la bestia ni a su imagen, y que no recibieron la marca en sus frentes ni en sus manos; y vivieron y reinaron con Cristo mil años. Pero los otros muertos no volvieron a vivir hasta que se cumplieron mil años. Esta es la primera resurrección. Bienaventurado y santo el que tiene parte en la primera resurrección; la segunda muerte no tiene potestad sobre éstos, sino que serán sacerdotes de Dios y de Cristo, y reinarán con él mil años (Apocalipsis 20:4-6, RVR1960).

Este pasaje describe lo que sucede cuando regresamos con Jesús en la Segunda Venida (descrito en detalle en el capítulo 19 del Apocalipsis). No solo los creyentes vivos son raptados de todo el mundo como Jesús lo describe en el capítulo 24 de Mateo, sino que estos valientes mártires que han sido asesinados por su negativa a recibir la marca de la bestia y a adorarlo son raptados para unirse a la iglesia ya raptada como la esposa triunfante de Jesucristo. Si bien nosotros hemos estado con Jesús durante esos siete años en el cielo para la Cena de las Bodas del Cordero, ellos han tenido que soportar la Tribulación. La razón de esto es porque cuando ocurrió el Arrebatamiento de la Iglesia, en ese momento, ellos no eran creyentes.

Espero que este capítulo te ayude a entender dónde estamos en relación con el reloj profético de Dios. Sin duda, creo que somos la última generación que vive en el final del tiempo del fin. Pero no creo que debamos dejar de vivir o dejar de hacer planes para el futuro. Esto es lo que le digo a la gente todo el tiempo: ¡planea como si Jesús no fuera a volver hasta dentro de 100 años, ¡pero vive como si volviera hoy! Así es como vivo mi vida, y te animo a hacer lo mismo.

PLANEA COMO SI JESÚS NO
FUERA A VOLVER HASTA
DENTRO DE 100 AÑOS, ¡PERO
VIVE COMO SI VOLVIERA HOY!

PENSAMIENTOS FINALES SOBRE EL FINAL

Noé y Lot proclamaron la justicia y ejemplificaron la vida piadosa en tiempos malos. En nuestros días, Dios nos llama a hacer lo mismo. Tu fe no es una fuente de vergüenza o temor; es lo que te hace audaz. Jesús dijo: «El que se avergonzare de mí y de mis palabras en esta generación adúltera y pecadora, el Hijo del Hombre se avergonzará también de él, cuando venga en la gloria de su Padre con los santos ángeles» (Marcos 8:38, RVR1960). No me avergüenzo de Jesucristo ni del Espíritu Santo. No me avergüenzo de la Palabra de Dios. No me siento incómodo con las normas de las Escrituras. Lo único por lo que puedo confesar la vergüenza es por la forma en que viví antes de entregar mi vida completamente a Jesús.

No envidies a los pecadores ni te dejes engañar por ellos. Poco antes del Diluvio, gente arrogante e impía se pavoneaba y actuaba como si nada malo les fuera a pasar. No habría fin a los negocios como de costumbre. Podían salirse con la suya y nadie se opondría a ellos. Especialmente no esperaban la oposición de Dios. A sus ojos, Noé era estúpido y loco. Entonces Noé entró en el arca con su familia, y Dios cerró la puerta. Cuando empezó a llover, estoy seguro de que Noé pudo oír a la gente golpeando la puerta, suplicándole que la abriera.

Antes del Diluvio la tierra nunca había necesitado ni experimentado la lluvia. Sin embargo, estaba Noé, construyendo un enorme barco en medio de la tierra seca. Imaginen la burla que debió soportar. Cada vez que alguien veía esa nave, era una oportunidad más para asar a Noé con otra broma. Pero entonces comenzó el diluvio, y Noé parecía el hombre más inteligente del mundo.

Algunos de ustedes han sido burlados por su fe. Su familia o amigos pueden estar riéndose de ustedes, incluso mientras leen este libro. Pueden pensar que son raros porque creen en Jesús y en Su regreso. Pero el día después del Arrebatamiento, tú también parecerás un genio. Mi oración es que no estén afuera suplicando para entrar cuando sea demasiado tarde.

Los ángeles vinieron a rescatar a Lot y a su familia. Entonces los hombres arrogantes e impíos de la ciudad trataron de forzarse sexualmente a los ángeles (no puedo pensar en nada peor). Esa gente no tenía ningún temor de Dios. Así que Dios sacó a Lot y a su familia, y entonces el fuego y el azufre cayeron. Piensa en el día siguiente, cuando las ciudades de Sodoma y Gomorra eran ruinas ardientes de ceniza. Si alguien de los pueblos de alrededor sobrevivió, ¿qué crees que tendrían para decir sobre Lot?

Estuve en la ciudad de Nueva York después del 11 de septiembre (9/11). Antes de continuar, quiero aclararte que *no* estoy diciendo que esta tragedia fue por el juicio de Dios. Solo estoy ilustrando la diferencia entre el antes y el después. Nueva

York normalmente está llena de ruido, carácter y negocios fre-
néticos, pero ese no fue el caso justo después del 9/11. No, fue
escalofriantemente tranquilo. La gente era educada y respetuo-
sa. Las bocinas de los automóviles eran silenciosas. Había una
notable humildad en la gente de la ciudad. Debo decirte que la
Tribulación hará que el 9/11 parezca tan tranquilo como una
fiesta de escuela dominical. El mundo cambiará dramáticamente el día después del Arrebatamiento. De nuevo, no envidien a
los pecadores. Serán juzgados severamente por Dios muy pronto.

El Salmo 2 es una profecía increíblemente importante del fin
de los tiempos. Habla de un tiempo en el que el mundo se rebe-
lará contra «Jehová y contra su ungido» (v. 2). Esta es la forma
en que el salmista dice Dios Padre y su Hijo Jesús. En este pasaje,
Dios responde a los intentos del mundo de rechazar su autoridad.

¿Por qué se amotinan las gentes,
Y los pueblos piensan cosas vanas?
Se levantarán los reyes de la tierra,
Y príncipes consultarán unidos
Contra Jehová y contra su ungido, diciendo:
Rompamos sus ligaduras,
Y echemos de nosotros sus cuerdas.
El que mora en los cielos se reirá;
El Señor se burlará de ellos.
Luego hablará a ellos en su furor,
Y los turbará con su ira.
Pero yo he puesto mi rey
Sobre Sion, mi santo monte.

Yo publicaré el decreto;

Jehová me ha dicho: Mi hijo eres tú;

Yo te engendré hoy.

Pídeme, y te daré por herencia las naciones,

Y como posesión tuya los confines de la tierra.

Los quebrantarás con vara de hierro;

Como vasija de alfarero los desmenuzarás.

Ahora, pues, oh reyes, sed prudentes;

Admitid amonestación, jueces de la tierra.

Servid a Jehová con temor,

alegraos con temblor.

Honrad al Hijo, para que no se enoje, y perezcáis en el camino;

Pues se inflama de pronto su ira.

Bienaventurados todos los que en él confían (Salmo 2:1-12, RVR1960).

Este pasaje describe vívidamente lo que está sucediendo alrededor del mundo en este momento. Estamos siendo testigos de una rebelión sin precedentes contra Dios y Su Palabra. La presencia del espíritu del Anticristo es palpable. Mientras las naciones se enfurecen contra la autoridad de Dios, Él se sienta en el cielo riéndose de ellas. Ver al mundo tratar de desafiar la autoridad de Dios es como ver a un grupo de niños de dos años conspirando para apoderarse de la casa. El capítulo 2 del Salmo es un pasaje muy reconfortante que nos recuerda que Dios sigue teniendo el control y que sabía que todo esto iba a suceder.

Toma nota especialmente del último verso de este Salmo:

Honrad al Hijo, para que no se enoje,

y perezcáis en el camino;

Pues se inflama de pronto su ira.

Bienaventurados todos los que en él confían (2:12).

Dios está hablando del fin de los tiempos y dando una advertencia a los líderes de la tierra. Si no «honran al Hijo» (esto se refiere a Jesús) y se inclinan ante Él, entonces Él los visitará en su ira. El apóstol Juan escribió esto acerca de la Tribulación al final de la historia humana:

> Y los reyes de la tierra, y los grandes, los ricos, los capitanes, los poderosos, y todo siervo y todo libre, se escondieron en las cuevas y entre las peñas de los montes; y decían a los montes y a las peñas: Caed sobre nosotros, y escondednos del rostro de aquel que está sentado sobre el trono, y de la ira del Cordero; porque el gran día de su ira ha llegado; ¿y quién podrá sostenerse en pie? (Apocalipsis 6:15-17, RVR1960).

Estos reyes y grandes hombres de la tierra son el mismo grupo de personas a las que Dios se dirigía en el capítulo 2 del Salmo. Mientras se enfurecían contra el Señor y rechazaban su autoridad, Él les advirtió de la calamidad que caería sobre ellos. Luego en Apocalipsis capítulo 6, el juicio está sucediendo, y están clamando a las peñas para que caigan sobre ellos y así esconderlos del Cordero. A pesar de que esperan que termine rápidamente, es una noticia muy mala para ellos. Juan dice lo desesperados que estarán: «Y en aquellos días los hombres buscarán la muerte, pero no la hallarán; y ansiarán morir, pero la muerte huirá de ellos» (Apocalipsis 9:6, RVR1960).

No podemos imaginar un destino peor. Las personas descritas en estos pasajes vivirán en los peores siete años de toda la historia de la humanidad, y Dios evitará sobrenaturalmente que muchos de ellos mueran o se suiciden. Este evento será el castigo de Dios sobre ellos por negarse a reconocer a Jesucristo como Señor y recibir su salvación como un acto de gracia.

Sin embargo, no cerraré este libro con una nota tan trágica. Esta es la buena noticia: si eres un creyente y has «honrado al Hijo», esta no será tu experiencia. No enfrentarás los días de la ira. Más bien, mientras que los incrédulos están siendo juzgados por su rebelión aquí en la tierra, recibirás tu recompensa eterna en la presencia de Dios en la Casa del Padre. Durante la Tribulación de siete años cuando la ira de Dios cae aquí en la tierra, la Iglesia está en el cielo casándose con Jesús en la celebración matrimonial más grande que el universo haya conocido.

Hoy en día, al observar la forma en que la gente se comporta, podría parecer que estamos en desventaja como cristianos. De hecho, incluso puedes ser perseguido por tus creencias políticas, morales o teológicas. Pero te insto a que abras tus ojos a la perspectiva eterna. No debes envidiar ni seguir a los que se rebelan contra Dios. Recuerda las advertencias del Salmo capítulo 2 y de Apocalipsis capítulos 6 y 9. Aún estamos en la era de la gracia. Dios sigue ofreciendo pacientemente a cada persona la oportunidad de «honrar a su Hijo». Sin embargo, muy pronto los creyentes seremos arrebatados para estar con el Señor. Entonces la ira del Cordero castigará a aquellos que pensaron que podían dejar de lado a Dios.

Finalmente, te dejo con esto: vive para Dios, no para este mundo. Pon a Jesús en primer lugar, cueste lo que te cueste. Rodéate de otros creyentes que te apoyen y te ayuden a rendir cuentas. El escritor de Hebreos dice: «Y considerémonos unos a otros para estimularnos al amor y a las buenas obras; no dejando de congregarnos, como algunos tienen por costumbre, sino exhortándonos; y tanto más, cuanto veis que aquel día se acerca» (Hebreos 10:24-25, RVR1960).

He conocido a Jesús durante casi cinco décadas. Lo acepté como mi Señor y Salvador una semana antes de casarme con Karen. Soy un pastor y un estudiante comprometido con la Biblia. Sin embargo, si descuidara el compañerismo cristiano, estoy seguro de que caería. No sé cómo caería, pero sé que no viviría para Cristo como lo hago hoy. Necesito amigos cristianos cercanos a mi alrededor que me hagan responsable. No creo que pueda lograrlo sin amigos piadosos y sin la Iglesia. Tu futuro será moldeado por la gente con quien te rodeas.

Un lobo nunca ataca cerca del pastor o en medio del rebaño. Busca a la oveja que está sola. De la misma manera, el diablo siempre busca cristianos solitarios que vagan solos. No dejes que te agarre solo, para que se aproveche de ti. Haz este compromiso hoy: *Me comprometo a encontrar una iglesia fundamentada en la Biblia y ser un miembro activo en comunión con otros creyentes. Y hasta que Jesús venga, nada me va a sacar.* Entonces vive de acuerdo a eso. Tendrás éxito como seguidor de Jesús y estarás listo para su regreso.

Te preguntarás por qué es tan importante para los cristianos vivir vidas justas si de todos modos el mundo se va a poner tan mal. ¿Por qué es importante que ministres a tu familia, trabajes diligentemente en tu trabajo, contribuyas generosamente a tu iglesia con tu tiempo y tus finanzas, y votes correctamente cuando llegue el momento de votar? ¿Qué diferencia habrá si Jesús viene y el mundo se vuelve aún peor mientras tanto? *¡Tú* serás el que hace la diferencia!

Serás un testimonio de la luz en medio de la oscuridad. No tendrás motivos para avergonzarte cuando veas a Jesús cara a cara. Te parecerás más a Él. Atraerás a otros al arca antes de que se cierre la puerta. Y cuando Él venga, estarás listo. En las palabras de Abraham Davenport, que traigan velas y que nos encuentren cumpliendo con nuestro deber.

Una cosa más: si sabes que no has recibido a Cristo en tu corazón como tu Señor y Salvador o si no estás seguro, lee el apéndice que sigue a este capítulo. Te guiaré en una oración para recibir a Cristo y te daré algunas instrucciones importantes.

COMO RECIBIR A CRISTO Y LOS PRIMEROS PASOS

LA SALVACIÓN

Todos necesitamos ser salvos o «nacer de nuevo» porque nacemos espiritualmente muertos. La razón de esto es el pecado de Adán y Eva en el Jardín del Edén. Ellos habían sido creados por Dios como seres físicos y seres espirituales vivos. Pero Dios les advirtió que si comían el fruto prohibido, morirían. ¡Y así sucedió!

En el instante en que comieron el fruto, murieron espiritualmente y cayeron moralmente. Y nos han transmitido su condición a todos nosotros. La única respuesta es recibir a Jesús para que nuestros espíritus puedan renacer. Considera el siguiente pasaje de la Escritura:

Había un hombre llamado Nicodemo, un líder religioso judío, de los fariseos. 2 Una noche, fue a hablar con Jesús:

—Rabí —le dijo—, todos sabemos que Dios te ha enviado para enseñarnos. Las señales milagrosas que haces son la prueba de que Dios está contigo.

Jesús le respondió:

—Te digo la verdad, a menos que nazcas de nuevo, no puedes ver el reino de Dios.

—¿Qué quieres decir? —exclamó Nicodemo—. ¿Cómo puede un hombre mayor volver al vientre de su madre y nacer de nuevo?

Jesús le contestó:

—Te digo la verdad, nadie puede entrar en el reino de Dios si no nace de agua y del Espíritu. El ser humano solo puede reproducir la vida humana, pero la vida espiritual nace del Espíritu Santo. Así que no te sorprendas cuando digo: «Tienen que nacer de nuevo». El viento sopla hacia donde quiere. De la misma manera que oyes el viento pero no sabes de dónde viene ni adónde va, tampoco puedes explicar cómo las personas nacen del Espíritu.

—¿Cómo es posible todo esto? —preguntó Nicodemo (Juan 3:1-9, NTV).

Cuando abrimos nuestros corazones a Jesús y le pedimos que entre en nuestra vida, nacemos de nuevo cuando el Espíritu Santo viene a nosotros y regenera nuestros espíritus muertos. Esto significa varias cosas:

1. Somos perdonados de nuestros pecados al arrepentirnos de la rebelión a Dios y al someternos a su autoridad como Señor de nuestras vidas.

2. Se nos da el regalo de la vida eterna y viviremos para siempre en el cielo con Jesús.

3. Al nacer de nuevo somos seres espirituales plenamente vivos, capaces de tener una relación personal con Jesús. Podemos hablar con Él de manera personal por medio de la oración, y podemos escuchar su voz con nuestros oídos espirituales.

Si estás listo para orar para recibir a Cristo, haz esta oración:

Señor Jesús, me arrepiento de mis pecados y de mi rebelión contra tu autoridad. Te recibo en mi corazón como mi Señor y Salvador. También recibo Tu sangre en la cruz como pago por todos mis pecados y creo que estoy totalmente perdonado por Ti. Gracias por el regalo del perdón y la vida eterna. Lléname con Tu Espíritu Santo y dame el poder para cambiar y seguirte todos los días de mi vida. En el nombre de Jesús, Amén.

Si has hecho esta oración con todo tu corazón, ¡te felicito! Ahora eres cristiano, y Cristo está en tu corazón. Hace casi cincuenta años hice una oración similar, y revolucionó mi vida. Pero todo sucedió un día a la vez mientras buscaba al Señor y crecía como creyente. Aquí hay algunos pasos importantes que debes dar en tu nueva vida como creyente:

BAUTISMO EN AGUA

Necesitas ser bautizado con agua. Es extremadamente importante en tu vida como cristiano. Esto es lo que Jesús dijo al respecto:

> Y les dijo: Id por todo el mundo y predicad el evangelio a toda criatura. **El que creyere y fuere bautizado, será salvo;** mas el que no creyere, será condenado (Marcos 16:15-16, RVR1960 énfasis añadido).

Como dije antes en el libro, el bautismo en agua es el sello del pacto del Nuevo Testamento. En otras palabras, sella el trato. Cuando te sea conveniente, debes ir a tu iglesia, decirles lo que has hecho al recibir a Jesús, y pedirles que te bauticen en agua. Si no tienes una iglesia o si tu iglesia no bautiza en agua, necesitas encontrar una iglesia creyente en la Biblia que te bautice. No lo pospongas. Este es tu primer paso importante de obediencia como nuevo creyente, y es uno esencial.

Dios hace una obra sobrenatural en nuestros corazones cuando somos bautizados en agua. Esto es lo que el apóstol Pablo nos dice sobre esto:

> En él también fuisteis circuncidados con circuncisión no hecha a mano, al echar de vosotros el cuerpo pecaminoso carnal, en la circuncisión de Cristo; sepultados con él en el bautismo, en el cual fuisteis también resucitados con él, mediante la fe en el poder de Dios que le levantó de los muertos (Colosenses 2:11-12).

El bautismo en agua se llama «la circuncisión de Cristo». La circuncisión fue el sello del pacto entre Dios y el pueblo de Israel

(Génesis 17:10-11). Si un hombre judío no estaba circuncidado, entonces vivía fuera del pacto. De la misma manera, el bautismo en agua es el sello del pacto entre Cristo y los creyentes. Es nuestro primer paso público de obediencia y muestra nuestra buena fe en hacer a Jesús el Señor de nuestras vidas. Sin ser bautizado en agua nunca tendrás el mismo nivel de confianza sobre tu posición con el Señor, y no experimentarás el milagro sobrenatural que ocurre en tu corazón a través del bautismo.

Hay otra razón poderosa para ser bautizado con agua. Sin ser demasiado gráfico, la circuncisión se relaciona al pene masculino. Cuando un niño nace, tiene un exceso de piel en su pene que cubre la punta. Si no se quita esa piel, pueden surgir problemas de higiene y sensibilidad sexual. De la misma manera, un creyente que no ha sido bautizado en agua lucha más con el pecado o la «higiene espiritual» y carece de sensibilidad hacia el Señor, atrofiando así su capacidad espiritual para relacionarse con Jesús de manera íntima. Como pueden ver, el bautismo en agua es algo muy importante, y es necesario hacerlo lo más rápido posible.

Nadie puede tomar la decisión de salvarte y bautizarte si no eres tú. Es bueno que los padres dediquen a sus hijos a Dios, pero la decisión de la salvación es algo que debe decidir cada individuo. Lo mismo es cierto para el bautismo en agua. Puede que hayas sido bautizado anteriormente como un bebé o en otro momento, pero según la Biblia, el orden correcto es la salvación y luego el bautismo.

Finalmente, al ser bautizado estás haciendo una profesión pública de tu fe en Cristo, y eso es poderoso. Es muy importante decirle a alguien lo que has hecho, y nada podría hacerlo mejor que ser bautizado. Además, cuando te pones de pie por Jesús y eres bautizado en agua, animas a otros a hacer lo mismo. Nunca he visto a una persona que viviera una vida significativa para el Señor que no fuera bautizada en agua.

LA BIBLIA

Necesitas conseguir una Biblia que puedas leer y entender. Hay algunas Biblias electrónicas en español que se encuentran en sitios y aplicaciones como BibleGateway.com o YouVersion. Estas te permiten seleccionar entre muchas traducciones diferentes. Una que te puedo recomendar es la Nueva Traducción Viviente, o la Biblia para nuevos creyentes Nuevo Testamento (NTV).

Es muy importante desarrollar el hábito de leer la Biblia todos los días. Utilizo un plan de lectura diario en BibleGateway. com que me lleva a través de la Biblia en un año leyendo unos 20 minutos cada día. Es muy útil.

LA ORACIÓN

Necesitas hacer un hábito diario de la oración. Este es un momento en el que llevas tus necesidades, deseos, heridas y cargas al Señor y le pides ayuda y dirección. Escribí un libro llamado *Diez pasos hacia Cristo* con el propósito de ayudar a los nuevos creyentes a aprender a orar, leer la Biblia, escuchar la voz de Dios, y otros pasos importantes. Te animo a que lo compres y lo leas. Te guiará a través de muchos pasos importantes en tu nueva vida en Cristo. Puedes encontrarlo en marriagetoday.com o Amazon.com.

LA IGLESIA

Tienes que ser un miembro comprometido en una iglesia fuerte y creyente de la Biblia. Si aún no tienes una iglesia, tal vez necesites visitar varias iglesias antes de encontrar una que te guste. Vivimos en una época muy malvada, y necesitamos gente a nuestro alrededor que nos anime en nuestra fe y nos haga responsables.

Después de convertirme a los 19 años, mi esposa y yo nos unimos a una iglesia y nos involucramos. Además de aceptar a Cristo, eso fue lo mejor que hicimos. Cambió el curso de nuestras vidas. Nos dio un apoyo vital para nuestro matrimonio y con nuestros hijos. Y también aprendimos acerca del Señor y cómo cumplir el destino que tiene para nosotros. Verdaderamente, ha transformado nuestras vidas. Todas nuestras amistades cercanas son parte de nuestra familia de la iglesia, y son los mejores amigos del mundo.

EL BAUTISMO EN EL ESPÍRITU SANTO

Por último, pero no menos importante, debes pedirle al Señor que te bautice en el Espíritu Santo. Ninguno de nosotros tiene el poder de cambiar o servir al Señor sin la ayuda del Espíritu Santo. Hay un capítulo entero sobre esto en mi libro «*Diez pasos hacia Cristo*». Te animo a que lo leas.

El Espíritu Santo es Dios, y quiere caminar con nosotros a través de todo lo que estamos experimentando. No confíes en tu propia fuerza. El bautismo en el Espíritu Santo es un regalo gratuito disponible para cada seguidor de Cristo. Él te dará la fuerza para servir al Señor y para vivir como debes.

De nuevo, felicidades por recibir a Jesús como tu Señor y Salvador. ¡Que el Señor te bendiga!

SOBRE EL AUTOR

Jimmy Evans es el fundador y presidente de XO Marriage, un ministerio que se dedica a ayudar a las parejas a tener matrimonios fuertes y satisfactorios. Jimmy ha estudiado la profecía del fin de los tiempos por más de cuarenta y cinco años y la ha enseñado en todo el mundo a millones de personas. Le apasiona ayudar a que los creyentes encuentren esperanza, paz y aliento en la Palabra de Dios. Jimmy es el autor de más de diecisiete libros, incluyendo *Matrimonio sobre la Roca* y *Las cuatro leyes del amor*. Jimmy y su esposa, Karen, tienen cuarenta y siete años casados y tienen dos hijos casados y cinco nietos.

NOTAS

Introducción

1. Malcolm Gladwell, *El punto clave* (TAURUS, 5 de agosto, 2013).

Capítulo Dos

2. Los editores de la Enciclopedia Británica. «Declaración Balfour», Enciclopedia Británica (Encyclopaedia Britannica, Inc., 26 de octubre de 2019), https://www.britannica.com/event/Balfour-Declaration.

3. «Administración Franklin Roosevelt: Carta al Rey de Arabia Saudita sobre Palestina», Carta del presidente Roosevelt al Rey de Arabia Saudita sobre Palestina (abril de 1945), consultada el 20 de diciembre de 2019, https://www.jewishvirtuallibrary.org/president-roosevelt-letter-to-king-of-saudi-arabia-regarding-palestine-april-1945.

4. «El mandato de la Palestina Británica: Historia y panorama general». History & Overview of the British Palestine Mandate, consultado el 20 de diciembre de 2019, https://www.jewishvirtuallibrary.org/history-and-overview-of-the-british-palestine-mandate.

5. «Creation of Israel, 1948», Departamento de Estado de los Estados Unidos, consultado el 20 de diciembre de 2019, https://www.history.state.gov/milestones/1945-1952/creation-israel.

6. «Creation of Israel, 1948».

7. Jon Huntzinger, «Joshua», en *Fresh Start Bible*, ed. John Andersen y Jenny Morgan (Southlake: Gateway Press, 2019), 185.

8. «The U.N. and Israel: Key Statistics from UN Watch», UN Watch, 5 de octubre de 2019, https://unwatch.org/un-israel-key-statistics.

9. «ESCWA Launches Report on Israeli Practices Towards the Palestinian People and the Question of Apartheid», Comisión Económica y Social de las Naciones Unidas para Asia Occidental, 15 de marzo de 2017, https://

www.unescwa.org/news/escwa-launches-report-israeli-practices-towards-palestinian-people-and-question-apartheid.

10. «General Assembly Asserts Land-For-Peace Principle Is Still Key to Settlement of Question of Palestine | Meetings Coverage and Press Releases», (United Nations, 2 de diciembre de 1998), https://www.un.org/press/en/1998/19981202.ga9522.html.

11. World Jewish Congress, «Israeli Rabbi Says Katrina Was Punishment For Gaza Withdrawal», [Congreso Judío Mundial], último acceso 8 de septiembre, 2005, https://www.worldjewishcongress.org/en/news/israeli-rabbi-says-katrina-was-punishment-for-gaza-withdrawal.

12. «Negotiated Two-State Solution Still "the Only Option" for Palestine: Guterres | UN News» (United Nations, 28 de noviembre, 2018), https://news.un.org/en/story/2018/11/1026871.

13. The Covenant Of The Hamas - Main Points, último acceso 21 de diciembre, 2019, https://fas.org/irp/world/para/docs/880818a.htm.

14. «President Donald J. Trump Keeps His Promise To Open U.S. Embassy In Jerusalem, Israel», The White House (The United States Government, último acceso 14 de mayo, 2018), https://www.whitehouse.gov/briefings-statements/president-donald-jtrump-keeps-promise-open-u-s-embassy-jerusalem-israel.

15. Michael Schwirtz and Rick Gladstone, «U.S. Vetoes U.N. Resolution Condemning Move on Jerusalem», (The New York Times, último acceso 18 de diciembre, 2017), https://www.nytimes.com/2017/12/18/world/middleeast/jerusalem-un-security-council.html.

16. Jessica Durando y Oren Dorell, «Here Are the 7 Small Nations That Sided with U.S. and Israel on U.N.'s Jerusalem Vote», USA Today (Gannett Satellite Information Network, último acceso 21 de diciembre, 2017), https://www.usatoday.com/story/news/world/2017/12/21/here-7-nations-sided-u-s-and-israel-u-n-vote-overjerusalem/974098001.

17. Ali Sawafta, «Palestinians Angry at Reports of Early U.S. Embassy Move to Jerusalem», Reuters (Thomson Reuters, 24 de febrero, 2018), https://www.reuters.com/article/us-usa-israel-palestinians/palestinians-angry-at-reports-of-early-u-s-embassy-move-to-jerusalem-idUSKCN1G72B3.

18. «U.S. Embassy Moves to Jerusalem», USA Today (Gannett Satellite Information Network, último acceso 14 de mayo, 2018),

https://www.usatoday.com/picture-gallery/news/world/2018/05/13/
us-embassy-moves-to-jerusalem/34873575.

19. Bill Chappell, «55 Palestinian Protesters Killed, Gaza Officials Say, As U.S. Opens Jerusalem Embassy», (NPR, último acceso 14 de mayo, 2018), https://www.npr.org/sections/thetwo-way/2018/05/14/610934534/18-palestinian-protesters-diegaza-officials-say-as-u-s-opens-jerusalem-embassy.

20. «The Last Blood Moon», Jewish Voice Ministries International, último acceso 24 de septiembre, 2015, https://www.jewishvoice.org/read/blog/the-last-blood-moon-daysaway.

21. «1967: The Reunification of Jerusalem», mfa.gov.il, último acceso 21 de diciembre, 2019, https://mfa.gov.il/Jubilee-years/Pages/1967-The-Reunification-of-Jerusalem.aspx.

22. «Catalog of Lunar Eclipses: 1901 to 2000».

23. «Catalog of Lunar Eclipses: 2001 to 2100».

24. Kate Lohnes, «Siege of Jerusalem», *Encyclopaedia Britannica* (Encyclopaedia Britannica, Inc., último acceso 13 de noviembre, 2019), https://www.britannica.com/event/Siege-of-Jerusalem-70.

Capítulo Tres

25. «Iran, Russia Start Construction of New Iranian Nuclear Plant», Reuters (Thomson Reuters, último acceso 10 de septiembre, 2016), https://www.reuters.com/article/us-iran-russia-nuclearpower-idUSKCN11G0EB.

26. Michael Crowley, «The Iran Crisis, Explained», (*The New York Times*, ultimo acceso 17 de junio, 2019), https://www.nytimes.com/2019/06/17/us/politics/iran-nuclear-deal-uranium.html.

27. Jayson Casper, «Who Awaits the Messiah Most? Muslims», ChristianityToday.com (*Christianity Today*, último acceso 17 de diciembre, 2019), https://www.christianitytoday.com/ct/2017/january-february/who-awaits-messiah-most-muslims-isisdabiq-eschatology.html.

28. Thomas Erdbrink, «U.S. Remains the "Great Satan", Hard-Liners in Iran Say», (*The New York Times*, último acceso 1ro de septiembre, 2015), https://www.nytimes.com/2015/09/02/world/middleeast/us-remains-the-great-satan-hard-linersin-iran-say.html.

29. Kate Cooch, «Operation Babylon: Israel's Strike on Al-Tuwaitha», Warfare History Network, último acceso 5 de mayo, 2017, https://warfarehistorynetwork.com/2017/05/04/operation-babylon-israels-strike-on-al-tuwaitha.

30. Ian Bremmer, «Syria's Civil War Complicated By Multiple Proxy Battles», (*Time*, último acceso 16 de febrero, 2018), https://time.com/5162409/syria-civil-war-proxybattles.

31. Jeffrey Scott Shapiro, «Administration Denies Obama Threatened to Shoot down Israeli Warplanes», (*The Washington Times*, último acceso 1ro de marzo, 2015), https://www.washingtontimes.com/news/2015/mar/1/report-obama-threatenedshoot-down-israeli-warplan.

32. «Iran Nuclear Deal: Enriched Uranium Limit Will Be Breached on 27 June», *BBC News* (BBC, último acceso 17 de junio, 2019), https://www.bbc.com/news/world-middleeast-48661843.

33. Doreen Horschig, «Israel Could Strike First as Tensions with Iran Flare», Public Radio International, último acceso 21 de junio, 2019, https://www.pri.org/stories/2019-06-21/israel-could-strike-first-tensions-iran-flare.

34. Gerald Steinberg, «The Begin Doctrine at 25», *The Jerusalem Post* | JPost.com, último acceso 4 de junio, 2006, https://www.jpost.com/Features/The-Begin-Doctrine-at-25.

35. Doreen Horschig, «Israel Could Strike First as Tensions with Iran Flare».

36. Alexei Anishchuk, «Russia Warns Israel Not to Attack Iran», Reuters (Thomson Reuters, último acceso 22 de febrero, 2012), https://www.reuters.com/article/us-iran-russia-idUSTRE81L0SR20120222.

37. Jeremy Sharon, «Jewish Prayer Has Returned to the Temple Mount -Exclusive», *The Jerusalem Post*, último acceso 12 de diciembre, 2019, https://www.jpost.com/Arab-Israeli-Conflict/Jewish-prayer-has-returned-to-the-Temple-Mount-exclusive-610781.

38. Atara Beck, «Temple Institute: We Are Preparing to Rebuild the Holy Temple», UWI, último acceso 3 de julio, 2017, https://unitedwithisrael.org/temple-institute-preparing-to-rebuild-the-holy-temple.

Capítulo Cuatro

39. Molly Billings, «The Influenza Pandemic of 1918», último acceso en junio 1997, https://virus.stanford.edu/uda/.

40. Fred Espenak, «Total Solar Eclipse of 1776 Nov 30», EclipseWise, último acceso 19 de mayo, 2016, http://www.eclipsewise.com/solar/ SEgmap/-1799--1700/SE-1776Nov30Tgmap.html.

41. Reitz North America, «29 FACTS about Today's Eclipse: Solar Eclipse», Industrial Fans and Blowers - Blog, último acceso 21 de julio, 2017, https:// www.reitznorthamerica.com/29-facts-about-todays-eclipse.

42. «History of Aransas – Aransas», U.S. Fish & Wildlife Service, último acceso 5 de febrero, 2019, https://www.fws.gov/refuge/Aransas/about/ history/aransas.html.

43. D. M. Murdock, "The Star in the East and Three Kings," Stellar House Publishing, último acceso 10 de diciembre, 2019, https:// stellarhousepublishing.com/star-eastthree-kings/ Tomado y adaptado de *Christ in Egypt: The Horus-Jesus Connection* (Seattle, WA: Stellar House Publishing, LLC, 2009).

44. Luis B. Vega, «#361: REVELATION 12 SIGN COMPOSITE», PostScripts, ultimo acceso 10 de marzo, 2020, https://www.postscripts.org/ ps-news-361.html.

Capítulo Cinco

45. «Facts and Case Summary - Engel v. Vitale», United States Courts, último acceso 27 de diciembre, 2019, https://www. uscourts.gov/educational-resources/educational-activities/ facts-and-case-summary-engel-v-vitale.

46. Stephen R. McCullough, «School District of Abington Township v. Schempp», Encyclopædia Britannica (Encyclopædia Britannica, inc., último acceso 10 de junio, 2019), https://www.britannica.com/topic/ School-District-of-Abington-Township-v-Schempp.

47. Berkley Center for Religion and Georgetown University, «Stone v. Graham», Berkley Center for Religion, Peace and World Affairs, ultimo acceso 27 de diciembre, 2019, https://berkleycenter.georgetown.edu/cases/stone-v-graham.

48. Larry Shannon-Missal, «Americans' Belief in God, Miracles and Heaven Declines», The Harris Poll, último acceso 16 de diciembre, 2013, https:// theharrispoll.com/newyork-n-y-december-16-2013-a-new-harris-poll-finds- that-while-a-strong-majority-74-of-u-s-adults-do-believe-in-god-this-belief-is- in-decline-when-compared-to-previous-years-as-just-over.

49. «America's Changing Religious Landscape», Pew Research Center's Religion & Public Life Project, último acceso 12 de mayo, 2015, https://www.pewforum.org/2015/05/12/americas-changing-religious-landscape.

50. «America's Changing Religious Landscape».

51. Michael Shermer, «The Number of Americans with No Religious Affiliation Is Rising», *Scientific American* (Scientific American, último acceso 1ro de abril, 2018), https://www.scientificamerican.com/article/the-number-of-americans-with-no-religious-affiliation-is-rising.

52. The Editors of Encyclopaedia Britannica, «Obergefell v. Hodges», *Encyclopædia Britannica* (Encyclopædia Britannica, Inc., último acceso 23 de agosto, 2019), https://www.britannica.com/event/Obergefell-v-Hodges.

Capítulo Siete

53. Walt Heyer, «Transgender Regret Is Real Even If The Media Says Otherwise», *The Federalist*, último acceso 19 de agosto, 2015, https://thefederalist.com/2015/08/19/transgender-regret-is-real-even-if-the-media-tell-you-otherwise/.

Capítulo Ocho

54. Marc Rosenberg, «Marc My Words: The Coming Knowledge Tsunami», *Learning Solutions Magazine*, último acceso 10 de octubre, 2017, https://learningsolutionsmag.com/articles/2468/marc-my-words-the-coming-knowledge-tsunami.

55. «U.S. Patent Statistics Chart Calendar Years 1963 - 2018», U.S. Patent Statistics Summary Table, Calendar Years 1963 to 2018, 04/2019 actualización. Último acceso 3 de enero, 2020, https://www.uspto.gov/web/offices/ac/ido/oeip/taf/us_stat.htm.

56. J. Halamka *et al.*, «The Security Implications of VeriChip Cloning», *Journal of the American Medical Informatics Association13*, no. 6 (2006): pp. 601-607; https://doi.org/10.1197/jamia.m2143.

57. *Parque Jurásico*, dirigida por Stephen Spielberg (1993; Universal City, CA: Universal Pictures, 2000), DVD.

58. «Human Genetic Modification», Human Genetic Modification | Center for Genetics and Society, último acceso 3 de enero, 2020, https://www.geneticsandsociety.org/topics/human-genetic-modification.

59. «Human Genetic Modification».

60. David DiSalo, «The Era Of Genetically-Altered Humans Could Begin This Year», *Forbes* (*Forbes Magazine*, último acceso 26 de enero, 2014), https://www.forbes.com/sites/daviddisalvo/2014/01/26/the-era-of-genetically-altered-humans-couldbegin-this-year/#2bdb300d9df3.

61. «Human Genetic Modification».

62. Julia Hollingsworth y Isaac Yee, «Chinese Gene-Editing Scientist Jailed for 3 Years», CNN (Cable News Network, último acceso 30 de diciembre, 2019), https://www.cnn.com/2019/12/30/china/gene-scientist-china-intl-hnk/index.html.

63. Samantha Masunaga, «Lawsuit over Quarter Horse's Clone May Redefine Animal Breeding», (*Los Angeles Times*, último acceso 14 de marzo, 2015), https://www.latimes.com/nation/la-na-cloned-horses-20150314-story.html.

64. Robert Johnson, «British Scientists Have Secretly Created More Than 150 Human-Animal Hybrids», (*Business Insider*, último acceso 23 de julio, 2011), https://www.businessinsider.com/scientists-creating-human-animal-hybrid-embryos-2011-7.

65. David Cyranoski, «Japan Approves First Human-Animal Embryo Experiments», *Nature News* (Nature Publishing Group, último acceso 26 de julio, 2019), https://www.nature.com/articles/d41586-019-02275-3.

66. Jillian Eugenios, «Ray Kurzweil: Los seres humanos serán híbridos en 2030, según director de Google» CNNMoney (Cable News Network, último acceso 4 de junio 4, 2015), Inglés: https://www.kurzweilai.net/cnn-ray-kurzweil-humans-will-be-hybrids-by-2030 Español: https://cnnespanol.cnn.com/2015/06/04/los-seres-humanos-seran-hibridos-en-2030-segun-ray-kurzweil-director-de-google/.

67. Zoltan Istvan, «Singularity or Transhumanism: What Word Should We Use to Discuss the Future?», *Slate Magazine* (Slate, último acceso 28 de agosto, 2014), https://slate.com/technology/2014/08/singularity-transhumanism-humanity-what-word-should-we-use-to-discuss-the-future.html.

Capítulo Diez

68. Evan Andrews, «Remembering New England's "Dark Day"», History.com (A&E Television Networks, último acceso 22 de agosto, 2018), https://www.history.com/news/remembering-new-englands-dark-day.

69. «TorahCalendar.com» último acceso 6 de enero, 2020, https://torahcalendar.com.

LAS CUATRO LEYES DEL AMOR

———

Libro y Guía de discusión para parejas y grupos

Jimmy Evans lleva personalmente a las parejas y grupos a través de los principios fundamentales del libro *Las cuatro leyes del amor*. Mira los vídeos que Jimmy creó para esta guía en XO NOW*, sigue cada sesión con tu cónyuge y/o grupo, conversen sobre las preguntas juntos y luego usen las aplicaciones prácticas para llevar lo que han aprendido a la vida cotidiana.

FOURLAWSOFLOVE.COM

*La Guía de discusión incluye un mes gratis de XO NOW.

XO ▶

AHORA APRENDE DE LOS MEJORES EN XO NOW

Acceso ilimitado a las enseñanzas de Jimmy Evans, y de los
mejores expertos en matrimonio, por solo $9 al mes.

COMIENZA TU PRUEBA GRATIS HOY
XOMARRIAGE.COM/NOW

www.ingramcontent.com/pod-product-compliance
Lightning Source LLC
Chambersburg PA
CBHW061818110426
42740CB00061B/2585